基金投资一看就懂

老牛◎著

中国纺织出版社有限公司

内容提要

本书在编写之初的定位就是一本实用手册，所以在编写过程中十分重视内容的实用性。考虑到基金方面的专业知识非常抽象，所以编写此书时，尽量使用了浅显易懂的语言。

本书内容按照基民投资活动的规律安排，全书共分十一章，分别介绍了基金的相关概念，关于基金的认知、挑选等方面的知识，基金投资的实战知识，包括基金的买进卖出、基金组合、基金定投，基金投资预警内容等。

本书既适用于新基民，也适用于老基民，是一本广大基民易于接受和掌握的通俗读物。

图书在版编目（CIP）数据

基金投资一看就懂 / 老牛著. —北京：中国纺织出版社有限公司，2021.8

ISBN 978-7-5180-8595-8

Ⅰ. ①基… Ⅱ. ①老… Ⅲ. ①基金—投资—基本知识 Ⅳ. ①F830.59

中国版本图书馆CIP数据核字（2021）第100668号

策划编辑：史 岩　　责任编辑：曹炳镝
责任校对：楼旭红　　责任印制：储志伟

中国纺织出版社有限公司出版发行
地址：北京市朝阳区百子湾东里 A407 号楼　邮政编码：100124
销售电话：010—67004422　传真：010—87155801
http://www.c-textilep.com
中国纺织出版社天猫旗舰店
官方微博 http://weibo.com/2119887771
北京市密东印刷有限公司印刷　各地新华书店经销
2021 年 8 月第 1 版第 1 次印刷
开本：710×1000　1/16　印张：17
字数：260 千字　定价：55.00 元

前言

基金投资凭借比储蓄更高的回报，比股票更低的风险及较低的门槛，由专家理财的优势，成为人们最适合的理财工具，受到投资者的青睐。

2020年是基金大火的一年。2020年公募基金四季报数据显示，去年年底规模近20万亿元，相较2019年年底总规模14.77万亿元，同比增长34.66%。其中，2020年年底，股票基金（2.06万亿元）加上混合基金（4.36万亿元）的规模达到了6.42万亿元，较2019年年底股票基金（1.30万亿元）加上混合基金（1.89万亿元）的3.19万亿元规模，增幅高达101.25%。在规模暴增的2020年，有哪些基金公司搭上了直升梯？是明星基金。又有哪些公司在助推公募规模暴增？是未来基金投资的绩优股。对于投资者来说，这是个痛苦的过程。

与存款不同，投资基金是一门学问，并不是所有基金都能带来同样的收益。不少新基民对于基金产品的特性、自身的财务需求和风险承受能力并无清晰的认识，看到别人赚了钱，便也怀着“发财梦”兴冲冲地入场。如果他们既缺乏承受风险的能力，也没有承受风险的准备，一遇基金净值大幅调整，自然手足无措。因此，对于新的基金投资者来说，如何正确地认识基金、认识基金投资中的收益和风险成为当务之急。

面对纷繁复杂的基金种类，数量众多的基金公司，作为一个投资者，尤其是一个新基民，应该选择何种基金，选择哪一家基金公司，才能确保自己的资金保值增值呢？

本书系统、全面地讲解了基金投资必备的基础知识、基本技巧和风险防范措施，层层深入而又简明易懂。本书清晰明了、全面系统地介绍了投资者在实际操作中容易遇到的主要问题、关键细节及方法技巧，投资者如果掌握了这些方法和技巧就能够根据自己的实际情况，合理地设计出“基金组合”，从而实现资产的保值增值。本书的目的就是让每位读者都能轻轻松松学理财，快快乐乐买基金。

本书的特点如下：

1. 内容全面。本书秉着“有用、实用、易用”的宗旨，深入浅出地介绍了基金的基本常识、基金的投资种类以及基金的投资技巧，包括开放式基金的买赚技巧、封闭式基金的买赚技巧、股票型基金的投资技巧、指数型基金的投资技巧、债券型基金的投资技巧、保本基金的投资技巧、其他基金的投资技巧和基金组合的投资技巧等，内容丰富，包罗万象，是基金投资者的百宝箱。

2. 案例生动。本书配以详尽的要点解析、大量的经典案例讲解，具有很强的实用性、可操作性。希望读者通过本书的阅读与学习，能够快速掌握基金投资的各种操作技巧，更好地选择投资目标，及时把握市场投资机会。

3. 通俗易懂。本书内容浅显易懂，从基金入门开始讲解，零起点，逐步深入，旨在帮助基金投资者形成正确的投资理念，建立良好的操作策略，为刚开始选择基金投资的理财者提供详细的指导！

4. 时效性强。本书应时而作，而且参照了 2020 ～ 2021 年基金市场的实际发展状况，大大增加了本书的时效性和实用性。

本书既适用于新基民，也适用于老基民，是一本广大基民易于接受和掌握的通俗读物。

本书在编写过程中，参考了大量的最新基金投资理念，以及多位基金经理人的最新实用战法，在此向各位专家和同仁表示感谢。因编者水平有限、基金市场变化迅速，书中难免有不足之处，恳请读者批评指正。希望本书能帮助基民朋友在新的投资活动中取得丰硕战果。

老牛

2021 年 4 月

目录

第7章 高抛低吸赚差价——基金的买进和卖出技巧

第8章 多点夺金铸金基——基金组合投资策略

第9章 涓涓细流汇江海——基金定投投资策略

导 言

3分钟让你明白基金投资原理

随着基金投资越来越热，人们对于基金方面的知识也越来越渴求。然而对于大部分投资者来说，理解基金的相关概念及投资知识，的确存在非常大的困难，因为很多专业术语往往太过抽象。

下面，我们用一些比较形象的叙述来对基金及相关知识做一个详解。

首先要解决的问题是什么叫基金。简单地说，基金就是一种合伙投资模式。所谓合伙，主要是指资金方面的合伙（就是把大家的钱集中到一块进行投资）。这种合伙投资模式可以这样来理解：比如，一个人手中有一笔小钱，想要投资债券或者股票这类证券，期望增值，但这个人又有自己的工作不能做一个全职的投资者，况且专业知识又十分有限，这样他就想找一些人合伙出资，然后请一个有专业知识的投资高手，拿着大家凑起来的钱进行投资操作，以实现增值。在这个过程中，全体出资者与这个投资高手之间必须有所联系，随时交涉，所以全体出资者必须选出一个相对较懂基金的人作为“牵头人”，负责与投资高手进行沟通。而推选出来的这个“牵头人”就负责代大家付给投资高手劳务费，并从投资高手那里获取投资情况（包括投资进展、盈亏状况等）以反馈给全体出资者。以上这种投资模式如果放大几百倍、几千倍，就形成了基金。

基金分为私募基金和公募基金。私募基金就是我们先前所说的所有出资人共同签下一个完备的契约合同，作为这种投资模式的实践。这种私人之间建立的契约合同，进行合伙投资的模式在我国尚未得到国家金融行业监管有关法规的认可。在我国，基金主要是指公募基金，就是前面所介绍的合伙投资活动必须经过国家证券行业管理部门（中国证券监督管理委员会）的审批，国家允许“牵头人”向社会公开募集吸收投资者加入合伙出资。而这个公开募集投资者的集资过程就是在发行公募基金。

在发行公募基金过程中，这个被允许向社会公开募集投资者的“牵头人”就是基金管理公司，当然，基金管理公司不是全体出资人选出来的，而是中国证监会批准成立的，属于公司法人。不管这个“牵头人”是全体出资者选出来的还是国家批准成立的，他的角色的性质大同小异，都是为全体出资者服务的。所以全体出资者也要给他一定的劳务费，这个劳务费就是基金管理费，是按比例从出资者的合伙资产中抽取的。

“牵头人”只是一个在出资者与投资高手之间的联系人员，而投资高手才是真正操作大家资金的人，为大家争取增值的人。那么在公募基金中，这个投资高手同样不是全体出资者自己选择的，而是“牵头人”（基金公司）代为寻找的，也就是基金经理，当然这要通过证监会的批准。

在公募基金中，我们知道了“牵头人”（基金公司）与投资高手（基金经理）都不是全体出资者选出的，那么就存在一个问题，即如何建立起出资人与“牵头人”及投资高手的信任呢？现实生活中，谁都不会把自己的钱随便交给陌生人。出资人是必须考虑自己的资产安全的。所以，为了保证大家合伙出的资产不被基金公司这个“牵头人”挪作他用或携款外逃，中国证监会做出规定，基金的资产（就是大家合伙出的钱）不能放在基金公司手里，基金公司与基金经理只负责操作，而不触及钱。然而记账管钱的事儿又交给谁呢？这个“人”必须能够获得全体出资者的信任才行，这个角色只能由银行来担任。基金资产（大家合伙出的钱）放在银行的专门账户上，由银行管账记账，这就叫基金托管。大家知道银行不是慈善机构，既然银行在其中提供了服务给出资人，势必要从大家合伙的资产中抽取一定比例的钱作为劳务费，这个劳务费就是所谓的基金托管费，一般按年收取。

了解了基金的托管，大家就能安心了，因为基金资产相对来说只有因那些高手操作不当而被亏损的风险，基本没有被偷挪作他用的风险。从法律角度说，即使基金管理公司倒闭甚至托管银行出事了，向它们追债的人都无权碰大家基金专户的资产，因此出资人完全没必要对自己的资产过分担心。

关于基金的概念还有很多，比如开放式基金、封闭式基金、上市基金等。所谓开放式基金，其实就是随时都允许投资人全部撤出自己的资金和既得的利益，并且对于投资人的吸收始终都在进行，无论是在公募基金宣布成立前还是宣布成立后。而封闭式基金则在公募基金宣布成立后（国家规定至少要达到 1000 个投资人和 2 亿元规模才能成立），就停止不再吸收其他投资者，并约定大家谁也不能中途撤资退出，但以后到某年某月为止我们大家就算账散伙分钱，中途你想变现，只能自己找买主卖出去。上市基金，顾名思义，就是找到交易所（证券市场）这个场所将基金挂牌出来，按市场价在投资者间自由交易。

对于广大基民来说，在实际投资过程中还会遇到很多相关概念：比如基金的认购费、申购费、赎回费、转换费等。这些概念对于基民来说是必须要知晓的。下面我们就一一介绍。

基金的认购费和申购费：其实就是入伙费，入伙时要付出一定的代价，这个代价就是基金公司在公开募集投资人时所付出的一些成本费用，这些费用基金公司自然不会独自承担，肯定要有一部分是转嫁到投资者身上的，就像你买一个名牌产品，那么这个名牌产品用作宣传的成本有一部分是要顾客承担的。另外，基金公司也会用这项费用来保持投资人的相对稳定。

基金赎回费：就是投资者撤回投资和收益所要付出的费用，收取这项费用，同样可以限制投资者的频繁变动。

基金转换费：顾名思义，就是由一种基金转换成另一种基金要付出的费用，可以提高投资者的变动成本，从而减少变动次数，降低变动频率。

刚才所讲的都是关于证券投资基金方面的知识。其实，基金分为房地产基金、期货基金、期权期货、黄金基金、产业基金等很多种。对于初涉基金投资的基民来说，后几种基金形式的投资可能性不大。

第1章　万丈高楼平地起——了解基金的基本常识

“股民”这个词大概没有人不知道是什么意思，但是什么是“基民”，恐怕就有人不清楚了。所谓基民，顾名思义，就是基金投资者。尽管近几年基金市场日趋成熟，投身于基金投资事业的人也越来越多，但是，在新“基民”中，有相当一部分人对基金投资缺乏基本知识，完全盲目跟风，这无疑会增加基金投资的风险系数。所以，了解一些基金方面的知识还是十分必要的。

基金到底是什么?

通俗地讲，基金就是汇集众多分散投资者的资金，委托投资专家（如基金管理人），由投资管理专家按其投资策略，统一进行投资管理，为众多投资者谋利的一种投资工具。投资基金集合大众资金，共同分享投资利润，分担风险，是一种利益共享、风险共担的集合投资方式。作为一种投资工具，基金把众多投资者的资金汇集起来，由专业的基金管理公司管理和运用，通过投资股票、债券等产品，达到收益的目的。

投资锦言

对于个人投资者而言，倘若你有1万元打算用于投资，但其数额不足以买入一系列不同类型的股票和债券，或者你根本没有时间和精力去挑选股票和债券，购买基金是不错的选择。例如，申购某只开放式基金，你就成为该基金的持有人，上述1万元扣除申购费后折算成一定份额的基金单位。所有持有人的投资一起构成该基金的资产，基金管理公司的专业团队运用基金资产购买股票和债券，形成基金的投资组合。你所持有的基金份额，就是上述投资组合的缩影。

与其他投资品种比，基金有哪些投资优势?

1. 与储蓄相比，基金的投资优势

如果开放式基金通过银行代销，许多人会发现买卖基金同储蓄存款和取款没有太大区别。但是，两者存在着本质的区别，主要表现为：

（1）基金与储蓄的投资方向不同。开放式基金将投资者的资金投资于证券市场，包括股票、债券等，通过股票分红或债券利息来获得稳定的收益，同时通过证券市场差价来获得资本利得。银行将储蓄存款的资金通过企业贷款或个人信贷的渠道投放到生产或消费领域，以获取利差收入。

（2）基金与储蓄的合约有本质区别。开放式基金将募集到的资金投放到证券市场，基金管理人只是代替投资者管理资金，基金合约属于股权合约，基金管理者并不保证资金的收益率，投资者赎回基金时是按基金每份的净值获得资金。存款合约属于债权类合约，银行对存款者负有完全的法定偿债责任。

（3）基金与储蓄的风险状况不同。基金管理者并不保证资金的收益率，其风险直接与证券市场行情和管理人的管理水平相关。银行储蓄存款的风险比开放式基金的风险小得多。

（4）基金与储蓄的收益高低不同。开放式基金的收益率在正常情况下比存款利率高，但是基金的收益是不固定的，当市场行情好、管理人管理得好时，基金的收益就会较存款利率高，反之则低。不同基金的收益也各不相同。银行储蓄存款的收益是利息，在一般情况下，无论银行效益如何，利率都是相对固定的。不同银行的存款利率水平基本是相同的。

（5）二者的管理信息透明度不同。开放式基金管理人必须定期向投资者公布基金投资情况和基金净值，投资者随时都可以知道自己的投资兑现多少现金。银行吸收存款之后，没有义务向存款人披露资金的运行情况，一般情况下，存款人对此也不关心。

（6）基金与储蓄变现的成本不同。银行存款的存入和提取无须支付任何费用；开放式基金的赎回和申购则需要交纳一定费用，所以投资者的资金转换是有一定成本的。

是投资于开放式基金，还是以储蓄的形式存到银行，投资者不妨在充分比较二者的异同和优缺点的基础上，根据个人资金量的多少、承受风险能力的大小、未来对资金的需求状况等方面来安排资金的投放。

投资锦言

基金与银行储蓄有着很多本质的区别，但它们之间也有一些相同或相似之处，了解这些相近的地方可以帮助投资者更好地做出投资决策。

开放式基金与银行储蓄具有很多相同的地方：首先，二者的存取或申购与赎回都可以在同一商业银行分支机构进行，不涉及其他机构和部门，存款者或投资者只须面对银行办理有关手续即可；其次，二者都可以随时花费很小的成本兑换现金；最后，二者的收益都较为稳定。存款的收益为存款利息，其数额一般是固定的，在正常情况下，利息收入是完全有保障的。投资开放式基金的收益是基金净值的增长，基金管理者在操作过程中，采用投资组合方式最大限度地规避非系统性风险，而且在成熟的市场上，基金管理者还可以通过风险对冲机制来规避系统性风险，所以投资开放式基金的收益在正常情况下也是比较有保障的，具有相对的稳定性。

2. 与股票相比，基金的投资优势

基金是由基金管理公司把投资者的分散资金募集在一起，投放到股票市场或债券市场，为投资者赚取利润的一种专家理财。

而股票是股份有限公司在筹集资本时向出资人发行的股份凭证，代表持有者即股东对公司的所有权。股票投资的收益是不确定的，如果公司经营良好，你作为股东就可以分享利润（通常是以红利形式），并且可以从市场股票价格上涨中获益。相反，如果公司出现问题，你的投资就会贬值。由于普通投资者缺乏专业的技术和经验，也欠缺灵通的消息渠道，对大势难以做出正确的判断，很难在股市中取得收益。

归纳起来，与股票投资相比，基金投资具有以下优势：

（1）权益保障优势。股票和基金虽然都以投资份额享受公司的经营利润，但基金投资者是以委托投资者的面目出现的，它可以随时撤回自己的委托，但不能参与投资基金的经营管理，而股票持有人是可以参与股份公司经营管理的。

（2）基金在节税方面也有优势。买卖股票要缴印花税，而国家对基金的个人投资者给予了税收优惠。一是个人买卖基金份额暂免征收印花税，二是个人买卖基金份额的差价收入以及基金分红暂免征收个人所得税。另外，基金分红免税，股票分红要缴10%的所得税。

（3）通常基金风险小于股票。股票可能连续跌停，想卖都卖不掉，而基金一天下跌2%就是非常罕见的情况。因为一只基金往往持有数十只股票，一只股票跌得再多，也不会对基金净值造成灭顶之灾。由于发行公司的经营效益有很大的不确定性，而且股票的市场价格波动也比较剧烈，所以股票投资的风险更高。只有那些资金较多、有时间作研究分析，并能及时获得相关信息的人才有较大的胜算。相较之下，基金由专家理财，采取组合投资的方式，能够在一定程度上降低风险，收益相对股票比较稳定，而且基金的变现也相对容易。对于大多数中小投资者而言，通过购买基金委托专家操作是比较好的投资股票的方式。

（4）基金的操作难度小于投票。基金净值的变动也具有一定的稳定性，有比较充足的时间使得投资者参与和退出，操作的难度比较小，对其进行波段操作的成功概率高于股票投资。所以，人们常说基金投资白痴都可以做，只要会买入和卖出就可以了。而投资股票需要掌握大量的投资知识，还要占用大量时间。

（5）流通优势。基金有两类，一类是封闭型基金，它类似于股票，大部分都在股市上流通，其价格也随股市行情在波动，它的操作与股票相差不大；另一类是开放型基金，这类基金随时可在基金公司的柜台买进卖出，其价格与基金的净资产基本等同。所以基金的流动性要强于股票。

事实表明，每一轮牛市行情到来的时候，基金的净值都会有较强的增长表现，并且在市场上涨时不逊于大盘股指，在下跌中又有相当的抗跌性。对于多数一般投资者而言，当行情来临的时候，参与股票投资的操作难度越来越大，很难获得较好的投资收益。

投资锦言

其实，基金与股票都是投资的一种方式，关键看你更适合哪一种。如果下面内容中一条与你的情况基本吻合，则说明你其实还是比较适合做基民而非股民的。

1. 想投资股票，但并不很清楚应该买什么股票

现在市场上的股票林林总总，算上科创版股票，超过4000只，一般人很难有足够时间和精力对上市公司做深入细致的研究，与其让自己跟风炒作盲目投资股票，还不如委托拥有强大专业优势的基金来帮你进行投资选股。不过，即使你具备一定相关知识，但作为上班族的你在交易时间也是难以分心盯盘的。炒股票最讲究的是把握好买进卖出的时机，如果每天的开盘交易时间里你只能忙于自己的工作而无暇顾及股价波动，股市行情如此风云多变，那还是让基金经理为你提供专业的投资服务更稳妥些。

2. 理想的理财手段是不需要自己太过费心又具有良好的资产增值机会

同为资产增值的理财方式，股票价格你需要天天关注，但基金就不一样了，理财专家甚至鼓励大家最好一两周才看一次自己所持基金的净值，用至少半年以上的时间来考察基金表现。

3. 可投资的钱数额不大，不知如何做到分散风险

现在的股票普遍价格已经不低，对于略有积蓄的职场新人和财富积累不多的人而言，用有限的资金买基金比起直接投资单只股票可以相对有效地分散风险，因为基金做的是股票的投资组合。你每个月可用来投资的余钱不多，又不甘心只放在银行。基金定期定额投资就是一个能相对分散风险而且省心的理财方法。

股票是一种高风险的投资产品，并不是每个人都玩得起的，基金也并非适合所有人，买基金还是买股票，你需要在充分考虑上述情况，并审慎评估完自身的财务状况和理财目标之后再做出选择。

3. 与债券相比，基金的投资优势

债券是政府、金融机构、工商企业等直接向社会借债筹措资金时，向投资者发行，并且承诺按一定利率支付利息，并按约定条件偿还本金的债权债务凭证。

现在最常见的债券品种就是国债，由于国家保证还本付息，比较安全，从银行网点买卖国债的手续比较简便，变现比较容易，利息收益也不用缴税。一般来说，债券投资收益相对稳定，但与基金相比，收益还是较低。基金的投资对象包括股票和债券等，收益率一般高于国债，而且由于进行了比较充分的分散投资，可以在一定程度上降低风险。

另外，目前在银行销售的债券规模较小，不能满足居民投资的需要；升息过程中固定收益的国债有贬值风险；提前兑付会损失不少利息；投资者投资的主动操作余地不大，收益率也比较低。

投资锦言

基金与债券相比，存在以下区别：

（1）投资者地位不同。债券的持有人是债券发行人的债权人，享有到期收回本息的权利；基金的持有人是基金的受益人，体现的是信托关系。

（2）风险程度不同。基金的基本原则是组合投资，分散风险，把资金按不同的比例分别投于不同期限、不同种类的有价证券，把风险降至最低程度。债券在一般情况下，本金得到保证，收益相对固定，风险比基金要小。

（3）收益情况不同。基金的收益是不确定的，而债券的收益是确定的。一般情况下，基金收益比债券高。以美国投资基金为例，国际投资者基金等25种基金1976—1981年5年间的收益增长率，平均为301.6%，其中最高的20世纪增长投资者基金为465%，最低的普利特伦德基金为243%；而1996年国内发行的2种5年期政府债券，利率分别只有1（3）06%和8.8%。

（4）投资方式不同。基金是一种间接的证券投资方式，基金的投资者不再直接参与有价证券的买卖活动，不再直接承担投资风险，而是由专家具体负责投资方向的确定、投资对象的选择。

（5）价格取向不同。在宏观政治、经济环境一致的情况下，基金的价格主要取决于资产净值；而影响债券价格的主要因素是利率。

（6）投资回收方式不同。债券投资是有一定期限的，期满后收回本金。投资基金则要视所持有的基金形态不同而有区别：封闭型基金有一定的期限，期满后，投资者可按持有的份额分得相应的剩余资产，在封闭期内还可以在交易市场上变现；开放型基金一般没有期限，投资者可随时向基金管理人要求赎回。

4. 与外汇相比，基金的投资优势

个人外汇买卖，是指个人客户在银行进行的可自由兑换外汇（或外币）间的交易。个人外汇买卖一般有实盘和虚盘之分。按国家有关政策规定，只能进行实盘外汇买卖，还不能进行虚盘外汇买卖。目前部分银行在北京、上海、广州等地已开展了个人外汇买卖业务，投资者可以按其报价买卖外汇，从中赚取买卖的差价。但与基金相比，外汇买卖的一些特点决定了其不如基金的普及度高：

（1）只有持有外汇的投资者才能进行交易；

（2）办理的城市及银行网点还不够多；

（3）对专业知识要求高，需要花较多的时间进行研究。

投资锦言

如果你不仅懒得看外汇行情，甚至连外汇趋势分析都懒得去考虑，那么还是投资基金明智一些。

5. 与房地产比，基金的投资优势

购买房屋是投资房地产的最常见方式之一，房地产投资的优点有：

（1）在通货膨胀期，它的价值会增值（尽管在其他时期可能会贬值）；

（2）在“投资”的同时，你还可以居住；

（3）通过按揭贷款，你只需要使用一小部分资金（首期付款），就可以控制更多的资产。

但是与基金相比，房地产投资也有很大的缺点，它的投资金额大，流动性差，价值有可能贬值，而且一般很难出售。即使你找到买主，往往也很难卖出合适的价钱。

投资锦言

选择投资房地产还是投资基金要因市而异，也就是因市场而异。如果你对基金市场未来的走势比较乐观，而觉得房价有可能下跌，这时当然买基金比较合适，因为买基金可能会实现较高的收益，买房有可能会贬值，一正一负，损失就大了。同时，单纯从投资的角度来说，购买开放式基金相对灵活一些，几天就能见到效益，而房产即使升值也比较慢，并且房子属于固定资产，不容易变现，流动性不如基金。不过，如果当地房产没有被大幅炒作过，上升空间较大，还是买房更稳妥一些。

基金是怎样管理和运作的?

任何一只基金的管理和运作都包括以下环节：

1. 发起和设立基金

基金是从无到有的，首先必须有人发起和设立这个基金。在我国，基金的发起需要得到中国证监会的审批，要向中国证监会上报一系列的法律文件，包括申请报告、基金契约、基金托管协议、基金招募说明书、销售协议、注册登记协议等。经过证监会的审核、批准后基金才能成立。

2. 销售基金

经证监会批准设立后，基金的发起人基金管理公司要通过自己的销售渠道向投资者销售基金，或者委托代理机构销售。通过销售才能募集到基金运作所需要的资金，一只基金才能正常运作起来。

3. 投资管理

投资管理是基金管理和运作中最重要的环节，决定着基金的经营业绩。基金管理公司要按照基金契约的规定，按照一定的投资比例将资金投入股票或债券，并对这些资产进行日常管理，保证投资者能够从中获利。

4. 基金的信息披露

为了保证投资者及时了解基金的表现，基金公司要按期公布季度投资组合公告、中期报告、年度报告等，每天还要公布基金资产净值。

5. 基金的收益、费用及收益分配

基金的收益、费用及收益分配在最初的基金契约中已经做出了明确的规定。基金收益包括红利、利息、证券买卖价差和其他收入。基金是以委托的方式请专家进行投资管理和操作的，因此从设立到终止都要支付一定的费用。基金支付的费用主要包括支付给基金管理公司的管理费，支付给托管人的托管费，支付给注册会计师和律师的费用，基金设立时发生的费用以及其他费用。基金收益扣除基金费用后便是基金的净收益，一般是以现金形式进行收益分配。

基金的投资操作和日常管理主要由基金管理公司来完成，这包括基金销售、投资、计算基金资产的净值并向投资者公告，定期编制基金的财务报告并向投资者支付基金收益。基金公司设有一个投资决策委员会，它是基金运作的最高权力机构，在基金运作时会制定整体投资战略。同时，基金公司设置一个叫作“研究发展部”的部门，根据一些机构的研究成果，构建股票备选库，对拟投资对象进行持续跟踪调研，并为基金经理提供个股、债券投资决策支持。基金经理根据投资决策委员会的投资战略，在研究部门研究报告的支持下，结合对证券市场、上市公司、投资时机的分析，拟订所管理基金的具体投资计划，包括资产配置、行业配置、重仓个股投资方案。基金的收益全部来自于证券市场买卖差价、股票分红、债券票面利息收入和银行存款利息收入。而基金管理公司的收入只有管理费收入，扣除公司日常的费用后是基金管理公司自己的收入。

投资锦言

风险是基金必须考虑的问题，为了保证投资者的资金安全，基金资产并不在基金管理公司的账户上，而是由托管人（我国主要是银行）托管并监督，基金管理公司只有运用基金资产的权利。基金公司也设有一个相对独立的部门叫作“风险控制委员会”，它的工作是对识别、防范、控制基金运作各个环节的风险全面负责，尤其重点关注基金投资组合的风险状况，从而保证基金的安全，保证投资者能够从投资基金中获益。

基金的当事人有哪些？

基金一般由五个方面的当事人构成，即基金投资者、基金管理人、基金托管人、基金承销公司和基金中介服务机构。

1. 基金投资者（亦称基金持有人）

基金投资者是基金出资人、基金资产所有者和基金投资受益人。基金投资者可以是自然人，也可以是法人。一般来说，基金投资者的资金由基金托管人保管，由基金管理人代为投资，但是一切投资风险均由投资者自行承担。

2. 基金管理人

基金管理人是指负责管理和运作基金资产的机构，根据《中华人民共和国证券投资基金法》的规定，证券投资基金的管理人由基金管理公司担任。

基金业绩在很大程度上取决于基金管理人员的管理能力和职业操守，为了保护基金投资者利益，各国和地区资本市场监管部门均对基金管理人，特别是其从业人员的资格做出严格规定。

3. 基金托管人

基金托管人是指依据“管理与保管分开”的原则对基金管理人进行监督和保管基金资产的机构，在我国通常由取得托管资格的商业银行或证券公司担任。截至 2021 年 2 月，目前有资格充当基金托管人的有 53 家银行和券商。这些信誉良好的银行可以作为您的资金的保管人，严格按照法律法规和基金契约的规定保管基金资产，确保不被挪作他用。

4. 基金承销公司

除基金管理人直接销售外，基金的销售可由证券公司、商业银行及其他中介机构代理完成，这些独立的销售机构专门为基金管理人提供销售服务，并收取一定的销售佣金和服务费。

5. 基金中介服务机构

除了以上四个基本当事人，投资基金还涉及基金注册登记机构、注册会计师、律师等中介服务机构。

（1）注册登记机构：办理注册登记的机构负责投资者账户的管理和服务，负责基金单位的注册登记以及红利发放等具体投资者服务内容。注册登记机构通常由基金管理人或其委托的商业银行或其他机构担任。

（2）注册会计师和律师：注册会计师和律师作为专业、独立的中介服务机构，为基金提供专业、独立的会计、法律服务。例如，为注册会计师基金年报提供审计报告等。

投资锦言

基金当事人之间的相互关系是建立在信托关系基础上：持有人与管理人之间的关系是委托人、受益人与受托人的关系；管理人与托管人之间的关系是委托人和受托人的关系；持有人与托管人之间的关系在公司型基金中是委托人与受托人的关系，在契约型基金中是收益人与受托人的关系。

基金持有人享有哪些权利与义务？

按照法规的规定，我国的基金持有人享有以下权利：

（1）按基金合同的规定出席或委派代表出席基金持有人大会，并行使表决权；

（2）按基金合同的规定取得基金收益；

（3）监督基金经营情况，查询或获取公开的基金业务及财务状况资料；

（4）申购或赎回基金单位；

（5）获得基金清算后的剩余资产；

（6）要求基金管理人或基金托管人按法律法规、基金合同以及依据基金合同制定的其他法律文件的规定履行其义务；

（7）法律、法规、基金合同以及依据基金合同制定的其他法律文件规定的其他权利。

基金持有人的义务：

（1）遵守基金契约；

（2）缴纳基金认购、申购款项，承担基金合同规定的费用；

（3）以其对基金的投资额为限承担基金亏损或者终止的有限责任；

（4）不从事任何有损基金及本基金其他当事人利益的活动；

（5）法律法规及基金合同规定的其他义务。

投资锦言

根据有关法规，有下列情形之一的，应召开基金持有人大会：①修改基金契约；②提前终止基金；③更换基金管理人；④更换基金托管人；⑤中国证监会规定的其他情形。

在正常情况下，基金持有人大会由基金管理人召集，在更换基金管理人或基金管理人无法行使召集权的情况下，由基金托管人召集基金持有人大会。召开基金持有人大会时，召集人应于会议召开前20天，并在证监会指定的媒体上刊登公告。

基金持有人大会决议须经出席会议的基金持有人半数以上通过，但更换基金管理人或托管人应由持有半数以上基金单位的基金持有人通过。基金持有人大会决议对所有基金持有人、基金管理人和基金托管人均有约束力。

此外，基金持有人大会决议在报中国证监会批准后5个工作日内公告。

基金管理人应当履行哪些职责?

依据《证券投资基金管理公司管理办法》的规定，基金管理人的职责主要有以下几个方面：

（1）按照基金契约的规定运用基金资产投资并管理基金资产；

（2）及时、足额向基金持有人支付基金收益；

（3）保存基金的会计账册、记录 15 年以上；

（4）编制基金财务报告，及时公告，并向中国证监会报告；

（5）计算并公告基金资产净值及每一基金单位资产净值；

（6）基金契约规定的其他职责。

此外，开放式基金的管理人还应当按照国家有关规定和基金契约的规定，及时、准确地办理基金的申购和赎回。

投资锦言

证券公司可作为证券投资基金的承销商、发行协调人，在我国，封闭式基金的发行一般由证券公司作为发行协调人，基金获准上市交易后，由证券公司代理基金的买卖、交割和收益分配。开放式基金除基金管理人直接销售外，基金的销售也可由证券公司、商业银行及其他中介机构代理完成。从这个角度来讲，证券公司是负责基金发行和交易的机构，而基金管理人是负责基金投资的机构，两者之间是中介者与经营者的关系。

基金管理人的禁止行为有哪些？

基金管理人在管理运作基金资产时，不得将本基金投资于其他基金；不得使用不属于基金名义下的资金买卖证券；不得从事任何形式的证券承销或者以管理人自有资金从事除债券以外的其他证券自营业务；不得动用银行信贷资金从事基金投资；不得从事证券信贷业务；不得将基金资产用于抵押、担保、资金拆借或者贷款；不得从事证券信用交易；不得以基金资产进行房地产投资；不得从事可能使基金资产承担无限责任的投资；不得将基金资产投资于与基金托管人或者基金管理人有利害关系的公司发行的证券；不得进行内幕交易、操纵市场或通过关联交易损害基金持有人的利益。

投资锦言

投资者购买基金后，可能会担心如果基金管理人携款潜逃怎么办？其实这点不用担心，因为管理人的自有资产和基金资产是相互独立的，基金资产并不由基金管理人保管，而是由作为基金托管人的商业银行负责保管，基金管理人只有依法管理和运用基金资产的权限。

基金管理人以其自有资产承担法律责任，其债权人不得对基金资产行使请求冻结、扣押和其他权利。另外，基金托管人还会对同一基金管理人管理的不同基金资产分别设置账户，实行分账管理，独立财务核算。

保持基金管理人自有资产与基金资产之间相互独立，是基金运作风险控制过程中的关键环节，是从财务核算角度确保基金投资者的利益不受基金管理人侵占的重要举措。即使基金管理人因解散、破产或被撤销等原因而终止经营，基金资产也不在清算资产之列。

基金管理公司是怎样运作的?

虽然我国基金发展的历史还比较短，但在借鉴国际先进经验的基础上，我国基金公司已经形成了一整套比较符合国内实际的运作流程。该流程主要有三个环节，也就是产品设计、产品销售和投资运作。

具体说来，我国国内基金管理公司目前的运作流程一般是：市场拓展部门在充分研究投资者需求的基础上，设计出基金产品方案，经由中国证监会审核批准后，组织销售。在募集到足够的资产后，基金管理公司的研究分析人员通过及时搜集从国际、国内宏观经济形势到各家上市企业具体经营状况的详细资料，以供投资部门在投资决策时参考。投资部门负责基金资金的运作，他们在投资决策委员会和风险控制委员会的领导下，根据研究分析人员提供的相关投资资料，遵照基金契约和有关法律规定，选择合适时机将基金资产投入股票、债券市场，努力实现基金契约规定的投资目标。

在投资部门运作基金资产的过程中，监察稽核部门对各个操作环节的合法、合规性实施监督，减少基金运作的风险，同时监督基金公司内部的各项工作符合法律规范，确保基金的相关信息得到及时准确披露，监察稽核部门直接对基金公司董事会负责。运作保障部为投资操作提供后台支持，主要包括资金清算、核算、基金财务审计和对外信息披露等工作。尤其是要按时定期公布基金资产净值、基金投资组合、基金财务报告等信息，以增加基金管理和运作的透明度，使投资者对自己的资产有更加清楚的了解，增强投资的信心，保证投资者基金投资的延续性。综合管理部则作为基金公司的后勤部门，为基金公司的日常运作提供财务管理、人事管理、后勤保障方面的支持。

投资锦言

基金管理公司在日常经营管理中，必须接受基金托管银行、中国证监会等机构的监督，确保遵循基金契约和托管协议的有关规定，合法管理和运用基金资产。

基金公司如何控制风险？

为提高基金投资的质量，防范和降低投资的管理风险，切实保障基金投资者的利益，基金管理公司都建立了一套完整的风险控制机制和风险管理制度，并在基金合同和招募说明书中予以明确规定，从而使投资者可以放心投资。

基金公司防范投资风险的措施主要包括以下四个方面：

1. 风险控制委员会

基金管理公司设有风险控制委员会或与之类似的风险控制机构，负责从整体上控制基金运作中的风险。比如，在基金投资过程中，他们会对风险较高的投资计划提出建议，请投资决策委员会调整或修改投资计划，从而保证基金投资的风险控制在一定范围内。

2. 全流程的风险控制

基金公司会根据业务需求和性质，科学地设计业务流程，然后按照权责分明、相互制衡的原则设置各个业务环节所需的部门和岗位，这些机构、部门和岗位职责保持相对独立，同时又能相互监督和制衡，做到环环相扣。这样的全程控制可以避免因为公司管理不善而给投资者带来的风险。

3. 完善的内部风险控制制度

为控制投资风险，基金公司还制定了详细的风险控制制度，比如坚持独立性原则，将基金资产与基金管理公司的自有资产相互独立，分账管理，公司会计和基金会计严格分开；实行集中交易制度，每笔交易都必须有书面记录并加盖时间章；加强内部信息控制，实行空间隔离和门禁制度，严防重要内部信息泄露；前台和后台部门应独立运作；严格按照法律法规和基金合同规定的投资比例进行投资，不从事规定禁止基金投资的业务，等等。

4. 内部监察稽核控制

监察稽核的目的是检查、评价公司内部控制制度和公司投资运作的合法性、合规性和有效性，监督公司内部控制制度的执行情况，揭示公司内部管理及投资运作中的风险，及时提出改进意见，确保国家法律法规和公司内部管理制度的有效执行，维护基金投资者的正当权益。

投资锦言

风险控制是保障投资人利益的关键，是基金管理人不可推卸的职责所在。

基金经理的作用是什么？

投资是一个非常复杂的过程，要想取得成功，研究、决策、执行和评估等流程相互协作是非常重要的，在基金管理公司内部，这些流程是由不同的部门分别来完成的。例如，研究由专门的研究人员来完成，研究人员要对宏观经济走势、行业发展趋势以及上市公司的动态进行跟踪分析，为基金管理公司所管理的所有基金的投资决策提供支持。决策是由基金经理在投资决策委员会的指导下完成。基金经理要在研究人员研究成果的基础上，按照基金契约的规定，选择具体的投资对象，决定投资的时机、买卖价格和数量。基金经理做出的决策将由交易部门去下单完成。基金管理公司一般还会配备专门人员对基金经理的决策做出评估，并根据评价报告对基金经理做出评判。

由于基金经理的判断在很大程度上决定基金的业绩表现，而基金的业绩表现又与基金投资者的利益息息相关，因此，基金管理公司在确定基金经理时都相当严格，会选派那些具备证券投资分析经验，或者在专业的投资机构负责证券投资决策或买卖执行多年的专业人士来担任。同时，道德品行、职业操守也是许多基金管理公司选择基金经理时考虑的重要因素。

投资锦言

目前，国内许多基金管理公司实行基金经理竞聘上岗制度，不仅从源头上确保了基金经理的业务能力和职业操守，同时也给基金经理适当的压力，促使其努力为基金投资者谋利益，这充分体现了对投资者利益的保护。

基金托管人应当履行哪些职责？

基金托管人的职责就是监督基金管理人在投资行为过程中是否有违法违纪损害投资者利益的行为。依据《基金公司管理办法》的规定，基金管理人的职责主要有以下几个方面：

（1）安全保管基金财产；

（2）按照规定开设基金财产的资金账户和证券账户；

（3）对所托管的不同基金财产分别设置账户，确保基金财产的完整与独立；

（4）保存基金托管业务活动的记录、账册、报表和其他相关资料；

（5）按照基金合同的约定，根据基金管理人的投资指令，及时办理清算、交割事宜；

（6）办理与基金托管业务活动有关的信息披露事项；

（7）对基金财务会计报告、中期和年度基金报告出具意见；

（8）复核、审查基金管理人计算的基金资产净值和基金份额申购、赎回价格；

（9）按照规定召集基金份额持有人大会；

（10）按照规定监督基金管理人的投资运作；

（11）国务院证券监督管理机构规定的其他职责。

投资锦言

在我国相关条例中规定，基金托管人“监督基金管理人的投资运作，如果发现基金管理人的投资指令违法或违规，不予执行，并向中国证监会和中国人民银行汇报”。如果基金托管人对基金管理人的投资行为是否违法、违纪把握不准，可以向法院或主管机关请示，但没有调查的义务。

监管部门如何监管证券投资基金？

为规范证券投资基金运作，维护基金投资人利益，确保基金业的持续、健康发展，中国证监会作为行业主管机关，对证券投资基金实施严格的监管。主要包括：

1. 制定法规

1997 年 11 月，中国证监会颁布了《证券投资基金管理暂行办法》，并先后制定了一系列配套的实施准则，对基金合同、托管协议、招募说明书、管理公司章程、信息披露和从业人员管理等进行严格的规范，为基金业的健康、有序发展创造了良好的法规环境。

2. 资格审查

对证券投资基金运营机构实行严格的资格管理，包括资格认定、资格年检、资格核销等内容，通过市场准入和退出机制的建立，保证基金投资人资金的安全。例如，对基金管理公司和基金的设立、商业银行的基金托管资格实行审批制。

同时，中国证监会也对基金从业人员进行了严格的资格审查与认定。根据规定，基金管理人、基金托管人的高级管理人员、基金经理等人员必须通过专门的考试并具备任职资格，才能从事基金管理业务。

此外，中国证监会还要求基金管理公司和基金托管人对其员工进行持续的业务培训和职业道德培训。

3. 信息披露监管

制定严格的基金信息披露制度，对信息披露的内容与格式作了明确规定，要求基金严格履行定期公告及重大事项临时公告义务。其中，定期公告包括基金净值周报、季报、中报和年报；当发生可能对基金投资人利益产生重大影响的事件时，有关基金管理人、托管人还须进行临时公告。目前，我国的基金信息披露体系已与国际惯例基本接轨。

4. 现场与非现场检查

定期或不定期地对基金管理人实行现场与非现场检查，全面、动态地把握基金运作的实际情况，并对基金运行中出现的违规活动及时处罚、曝光，对监管中发现的问题及时采取措施，以规范基金运作，保护投资人权益。

5. 督促基金管理人建立完善内控制度

通过制定一系列措施，对基金管理公司内控制度的建立和完善予以规范。主要包括：要求基金管理人与其股东在人员、资产和运作等方面严格独立；严格限制基金管理人自有资金的运用范围；要求基金管理人制定和执行有效的、高标准的业务规程；基金投资要有科学的研究、决策、执行程序；防范内幕交易和不当关联交易等风险；基金管理人内部设立独立于业务部门的监察稽核部；督察员拥有充分的监察稽核权力，专职检查、监督公司及员工遵守各项法规和公司制度的情况。

投资锦言

除文中所述几点外，中国证监会还会同中国人民银行，对托管银行的基金托管业务实施严格监管。

什么是基金账户和基金交易账户？

投资者对基金进行认购、申购和赎回前，需要开设基金账户和基金交易账户。

基金账户是指注册登记机构为投资者建立的用于管理和记录投资者基金种类、数量变化等情况的账户，又称“TA 账户”。不论投资者通过什么渠道办理，均记录在该账户下。

就某一基金管理公司而言，每个投资者只能申请开立一个基金账户。基金账户由注册登记人集中确认发放。同一家基金管理公司的所有开放式基金在同一个基金账户，但各家基金管理公司开立不同的基金账户，基金账户以基金管理公司进行区别。持有本公司开设的基金账户卡即可购买基金管理公司旗下的所有开放式基金。因此，原来在证券公司已开立基金账户的投资者如果到工行买该基金管理公司的新基金无须重新开户，只需新增交易账户即可。

基金交易账户，简称“交易账户”，是基金销售机构（包括直销和代销机构）为投资者开立的用于管理和记录投资者在该销售机构交易的基金种类和数量变化情况的账户。1 个投资者在一家基金管理公司只有 1 个基金账户，但是可以有多个交易账户，比如在农行开一个，在某证券公司开一个，2 个交易账户都可以进行买卖交易，也可以将基金从一个交易账户转到另一个交易账户，就是所谓的转托管。

投资锦言

基金账户和交易账户是多对多的关系。1 个投资者在银行只有 1 个交易账户，但是可以买多个基金公司的基金，这时是 1 个交易账户对多个 TA 账户。

基金契约的内容和作用是什么?

基金契约，简单地说，就是一份“委托理财协议（合同）”，它涉及基金管理人、托管人、投资者三方，用来明确三方的权利和义务。基金契约内容非常丰富，基本涵盖了基金成立、运作等方面问题，对基金什么时候、在什么条件下终止也做出了相应规定。

一般来说，基金契约会约定：基金管理人负责基金资产的投资和运作，并收取管理费；基金托管人负责保管基金财产，相应收取一定的托管费；基金资产增值后持有人可以享受分红的权利，但同时也要承担投资风险，并支付管理费和托管费。

具体来说，基金契约内容主要包括：

1. 基本情况说明

包括基金名称、发行规模、基金类型、基金存续期间、基金资产构成以及基金资产管理的规定。此外，还包括基金管理人及托管人的名称、地址及法人代表，会计师、审计师事务所等相关人员或机构的详细资料。

2. 基金的发行、购买、赎回与转让规定

这些规定对投资者、管理人和托管人的行为都有明确的约束。

3. 基金的投资目标、投资范围、投资政策和投资限制

这些规定主要用来约束基金管理人，或者说是基金管理人对投资者的一种承诺，这些资金投资于哪些证券上，而哪些证券不能投资，并预期能够达到什么样的收益率。例如，债券基金只能投资于债券（目前包括国债、企业债和可转债），不能投资于股票；而混合基金既可以投资于股票，也可以投资于债券。

4. 基金资产的估值方法

由于证券价格每天每时都在变动，基金资产也随时发生变化，契约中的

有关规定规定了估值日、估值方法和估值程序。

5. 基金的信息披露

除了定期公布资产净值外，基金一般有三种重要的报告需要投资者仔细阅读：年度报告、中期报告和每季度公布一次的投资组合公告。

6. 基金的费用和税收

基金的主要费用有管理费和托管费，在申购和赎回时还有申购费和赎回费，基金契约中明确规定了这些费用的计提方法和支付方式。投资者购买基金既可以享受红利，也可以像买卖股票一样获得差价收入。对这些收入怎样纳税，基金契约中也有明确规定。

7. 基金收益与分配

主要说明基金收益是怎样构成的，这些收益怎样分配给投资者。

8. 基金终止与清算

在某些特殊情况下，基金可能会终止运营，契约中约定了在什么条件下可以终止，终止后对基金资产怎样清算，如何将清算后剩余的资产分配给基金持有人。

各个基金在投资目标、投资策略、投资范围以及费用方面会有很大的不同，其他规定基本上大同小异。因此，投资者在阅读基金契约时，要重点关注这几个方面的规定。

投资锦言

基金契约是一份法律文件，一方面，它从法律上规定了基金投资者、管理人与托管人的权利、义务和行为准则；另一方面，也规定了其他当事人如基金持有人、律师、会计师等的地位与责任。同时，基金契约也为制定投资基金其他有关文件提供了依据，包括招募说明书、基金募集方案及发行计划等。如果这些文件与基金契约发生抵触，则必须以基金契约为准。因此，作为投资基金正常运作的基础性文件，投资者在投资前必须认真了解其相关内容，做到心中有数，以防在以后的收益分配等方面出现问题。

投资基金要收哪些费用?

投资于基金还要承担一定的费用，这些费用大致可以分为两类：一类是由投资者直接负担的费用，即认（申）购费和赎回费；另一类是基金运作费用，即为维持基金的运作而产生的费用，包括基金管理费、基金托管费、投资交易费、基金信息披露费、市场营销费等，这部分费用从基金资产中扣除，不由投资者直接承担。

1. 认（申）购费和赎回费

认购费是买入基金时支付的手续费，它一般附加在基金认购价上，这种费用主要用于基金的宣传、中间人的佣金及发行时的其他费用支出。其费率的高低取决于基金的类别，不同的基金费用种类和标准有所不同，具体可查阅基金契约，或者招募说明书。我国管理机构规定，开放式基金的申购费不得超过申购金额的 5%。

赎回费是指投资者赎回基金份额时按赎回金额的一定比例向投资者收取的费用。它仅对开放型基金而言，而且没有特定的标准，越复杂的投资工具，收取的费率越高，但也有某些基金甚至没有赎回费，如货币基金等。

2. 基金运作费

（1）基金管理费。基金管理费是支付给基金管理公司的报酬，其数额一般按照基金资产净值的一定比例从基金资产中提取。有时基金管理费还采取业绩报酬的形式。基金管理费费率的高低因基金类别的不同而有所差别，不同地区或基金业发展程度不同也导致其高低不一。在我国，最初的基金管理年费率为 2.5%。随着市场竞争的加剧，我国基金大部分按照 1.5% 的比例计提基金管理费，债券型基金管理费费率一般低于 1%，货币基金管理费费率为 0.33%。

（2）基金托管费。基金托管费，即基金托管人因为保管、处分基金资产而收取的费用。它是按基金资产净值的一定比例每月月末提取。目前我国的封闭式基金托管费费率为 0.25%。

（3）投资交易费。指基金经理人为基金买卖证券时支付给经纪人的佣金等费用。交易越频繁，费用越高。

（4）税收。各个国家和地区根据其鼓励基金发展的程度不同，税收标准也不尽相同。但一般地说，基金投资的税赋比股票投资要轻得多。

（5）其他费用。包括上市公告、披露信息费用、法律顾问费、验资服务费、业绩报酬等。所有这些都是基金投资者所必须承担的费用，它们就相当于投资成本，成本越低，相应地，投资者的收益就越高；成本越高，相应地，投资者的收入就越少，因为羊毛毕竟出在羊身上。

投资锦言

相对直接投资证券市场而言，投资者投资基金可以充分利用基金管理人的专业技能和优势（如风险控制的优势），可以免去信息的购买、收集、处理、具体股票的选择、行情的跟踪等烦琐的劳动。与这些好处相对应，投资者必须付出一定的费用，而这些费用也是基金的管理人、托管人以及其他当事人的收入来源。

什么是基金净值，如何计算?

从上文中我们可知，投资者投资基金要交付给基金管理公司一定的管理费、基金托管人的托管费及基金投资活动的交易费用，这些费用在尚未支付时会形成基金的负债。因此，我们需要提醒投资者注意，基金资产并不是完全归基金投资者所有，只有扣除了基金负债后的基金资产（我们称之为基金的资产净值）才完全为基金投资者所有。

单位基金资产净值，即每一基金单位代表的基金资产的净值。由于基金资产的价值会随着时间发生变化，比如股票、债券的价格会上下波动、银行存款会带来利息收入，因此基金的单位资产净值也会发生波动，投资者在进行基金的日常申购和赎回时，都要以单位基金资产净值为依据进行。单位基金资产净值的计算公式为：

单位基金资产净值=（基金总资产－基金总负债）/基金单位总数

其中，基金总资产是指基金拥有的所有资产（包括股票、债券、银行存款和其他有价证券等）按照公允价格计算的资产总额。基金总负债是指基金运作及融资时所形成的负债，包括应付给他人的各项费用，应付资金利息等。基金单位总数是指当时发行在外的基金单位的总量。下面我们以 A 基金为例加以说明：

2020 年 4 月 30 日，A 基金的基金资产为 37.15 亿元，基金的负债为 2.26 亿元，基金份额为 33.26 亿份，那么 A 基金 2020 年 4 月 30 日的单位基金资产净值为 34.89/33.26=1.049（元）。投资者如果在 2020 年 4 月 30 日申购或赎回 A 基金，就将按照一个基金单位 1.049 元的价格来进行。

为保证计算的准确性，基金公司和托管人在每天交易结束后同时计算基金资产净值，并相互对照、验证。在基金估值过程中，最为关键的是计算基金的总资产，因为这些资产的市场价格是不断变动的，只有对它们的准确计算才能及时体现一个基金的当前投资价值。

基金资产的估值应遵循如下原则：

（1）上市股票和债券按照计算日的收市价计算，该日无交易的，按照最近一个交易日的收市价计算。

（2）未上市的股票以其成本价计算。

（3）未上市国债及未到期定期存款，以本金加计至估值日的应计利息额计算。

（4）如遇特殊情况而无法或不宜以上述规定确定资产价值时，依照国家有关规定办理。

投资锦言

为了使投资者可以及时了解基金的运作情况，基金公司会定期公布其资产净值，如果是开放式基金，每天都会在全国性的证券类报纸或者各地综合类报纸的财经版刊登，部分开放式基金的净值还可以通过交易所的行情显示系统看到。而封闭式基金由于不进行日常的申购与赎回，其单位资产净值只需每周公布一次。

什么是基金的累计净值?

基金累计净值是指基金每日单位基金净值与成立以来的分红业绩之和，体现了基金从成立以来所取得的累计收益（减去一元面值即实际收益），可以比较直观和全面地反映基金在运作期间的历史表现，结合基金的运作时间，则可以更准确地体现基金的真实业绩水平。

基金累计净值＝每日单位基金净值＋基金成立以来累计分红派息

例如，2020 年 7 月 2 日，某基金单位净值是 1.0486 元，同年 4 月派发的现金红利是每份基金单位 0.025 元，则基金累计净值 =1.0486+0.025=1.0736（元）。

一般来说，基金累计净值越高，基金业绩越好。

投资锦言

每日单位基金净值主要是提供一种即时的交易价格参考，投资者选择基金时不能只看每日单位基金净值的高低，切忌“贪便宜”。分红可以在一定程度上反映基金的赢利情况，但主要体现的还是基金的收益实现能力。分红业绩实际上是可以通过累计净值得到反映的，因此，从投资者进行基金业绩比较的角度来说，基金累计净值是比每日单位基金净值和分红更重要的指标。

什么是基金的存续期，开放式基金有存续期吗？

可能有投资者会问，是不是每一只基金都会永远存在下去？这就涉及了基金的存续期问题。形象地说，基金的存续期就好比基金的生命周期，是一只基金从发行成立到终止所经历的一个时间周期。

基金的存续期主要是针对封闭式基金而言（什么是封闭式基金，什么是开放式基金，将在本书后文中有所介绍，在此恕不赘述）的。一般而言，封闭式基金在发起设立时，基金契约里就规定了基金从成立到终止的期限。按照相关的法规规定，我国封闭式基金的存续期不得低于 5 年，而市场上现有封闭式基金的存续期一般是 15 年。如果过了基金存续期，则可以选择解散基金，例如，某个基金的存续期到 2021 年 1 月 1 日，那么当这个时间到来的时候，基金管理人将卖出手上的股票和其他证券，变成现金，按净值扣除相关费用以后分给基金持有人。但是现在的封闭式基金普遍都采用了转开放的方式。

而对于开放式基金来说，则没有存续期的说法。从理论上讲，开放式基金可以无限期地存续下去，但由于开放式基金份额是时刻变化的，如果基金持有人的数目或基金的资产不断减少，也可能导致开放式基金解散。根据现行法规规定：在开放式基金的存续期内，有效持有人数量连续 20 个工作日达不到 100 人，或者连续 20 个工作日最低基金资产净额低于 5000 万元，基金管理人应当及时向证监会报告，说明出现上述情况的原因以及解决方案。

投资锦言

与封闭式基金固定的存续期相比，开放式基金的存续与否完全取决于基金的投资业绩是否能够吸引投资者。所以，经历一段时间以后，某些业绩优异的开放式基金的资产可能会成倍增长，而另外一些经营不善的开放式基金的资产却会大幅缩水，甚至最终解散，这也是优胜劣汰的结果。

投资基金有哪些收益?

追求收益是每个投资者的目标，也是基金能够吸引众多投资者的原因，要投资基金应当知道自己可以从哪里获得收益。

1. 股利

股利即股票上市公司依据股份向投资者支付的公司盈余；也可以说股东从公司利润中获得的收益。基金以其所经营的资产投资于股票，每年可从股份公司获取一定的股息和红利。股利一般有两种形式，即现金股利与股票股利。现金股利，又称红利，类似于利息收入。股票股利，又称红股，它按一定比例送给股东该公司股票。对公司而言，这只是其权益内部结构的改变，而毫无成本。对于股东而言，据研究表明：如果所送股数低于已发行上市股票数量的 25%，则对二级市场上的股价没有影响，因而股票股利也可带来丰厚的收益。另外，公司往往赋予股东低于二级市场价格配股的权力，如果配股后股价不成比例下降，则配股也可得到可观收益。

2. 利息收入

基金的利息收益包括两种情况。一种情况是指在基金运作时，会保持一部分资产为现金或银行存款，从商业银行取得一定的利息收入；另一种情况是指基金投资于一般的债券或商业本票、可转让存单及其他短期票券。它们是货币市场基金持有的主要资产。这些资产都明确地规定了其利息率、成熟期及发放利息的时间、方式等，持有这些资产也可带来利息收入。

3. 资本利得

基金经理人在证券市场上通过投资技巧，低进高出，从中赚取中间差价，这种差价就是资本利得，它是基金收益中最大的部分。

资本利得在基金收益中往往占有很大比重，要取得较高的资本利得收入，就需要基金管理人具有丰富、全面的证券知识，能对证券价格的走向做出大致准确的判断。一般来说，基金管理人具有较强的专业知识，能掌握更全面的信息，因而比个人投资者更有可能取得较多的资本利得，选择好的基金管理人就等于有更大的基金收益。

随着基金公司收益的增加，基金投资者也会相应地增加收益。他们增加收益的具体途径有三个方面：一是基金收益分配，二是基金管理公司扩送的基金单位，三是在证券市场上卖出基金单位所获得的溢价收益。

在我国，基金收益分配遵循以下原则：

（1）基金收益分配比例不得低于基金净收益的90%；

（2）基金当年收益应先弥补上一年度亏损，然后才可进行当年收益分配；

（3）若基金投资的当年发生亏损，则不进行收益分配；

（4）每一基金单位享有同等分配权；

（5）基金收益分配每年至少一次，成立不满3个月，收益不分配；

（6）基金收益分配后每一基金单位净值不能低于面值。

除了要遵循以上原则外，开放式基金和封闭式基金在收益分配时也有一定的区别：封闭式基金的收益分配采用现金形式，每年分配一次，分配在基金会计年度结束后的四个月内实施；开放式基金的收益分配也采取现金形式，但是投资者可选择现金红利或将现金红利按红利发放日的基金单位净值自动转为基金单位进行再投资。如果开放式基金成立不满3个月，则不进行收益分配。

投资锦言

投资者购买基金的目的是获利，除了抛售基金收回投资外，对高分红的预期是基金投资者选择基金的一个重要原因。因此，如果能及早地进入具有较高分红潜力的基金，将会提高投资者对基金的投资回报率。

基金收益一般如何分配?

基金收益一般应做如下分配:

1. 确定收益分配的内容

确切地说，基金分配的客体是净收益，即基金收益扣除按照有关规定应扣除的费用后的余额。这里所说的费用一般包括：支付给基金管理公司的管理费、支付给托管人的托管费、支付给注册会计师和律师的费用、基金设立时发生的开办费及其他费用等。一般而言，基金当年净收益应先弥补上一年度亏损后，才可进行当年收益分配；基金投资当年净亏损，则不应进行收益分配。特别需要指出的是，上述收益和费用数据都须经过具备从事证券相关业务资格的会计师事务所和注册会计师审计确认后，方可实施分配。

2. 确定收益分配的对象

无论是封闭式基金还是开放式基金，其收益分配的对象均为在特定时日持有基金单位的投资者。基金公司通常需规定获得收益分配权的最后权益登记日，凡在这一天交易结束后列于基金持有人名册上的投资者，方有权享受此次收益分配。

3. 确定收益分配的比例和时间

一般而言，每个基金的分配比例和时间都各不相同，通常在不违反国家有关法律、法规的前提下，在基金契约或基金公司章程中事先载明。《证券投资基金管理暂行办法》规定，基金收益分配比例不得低于基金净收益的90%。在分配时间上，基金每年应至少分配收益一次。

4. 确定分配的方式

基金的分配方式通常有三种:

（1）分配现金。这是基金收益分配的最普遍形式。

（2）分配基金单位。即将应分配的净收益折为等额的新的基金单位送给投资者，这种分配形式类似于通常所说的“送股”，实际上增加了基金的资本总额的规模。

（3）不分配。既不送基金单位，也不分配现金，而是将净收益列入本金进行再投资，体现了基金单位净资产值的增加。

《证券投资基金管理暂行办法》规定在我国只允许分配现金。我国台湾地区则采用第一种和第三种相结合的分配方式，而美国用得最多的方式却是第一种和第二种。

5. 确定收益分配的支付方式

这关系到投资者如何领取应归属于他们的那部分收益的问题。通常而言，支付现金时，由托管人通知基金持有人亲自来领取，或汇至持有人的银行账户；在分配基金单位的情况下，指定的证券公司将会把分配的基金单位份额打印在投资者的基金单位持有证明上。

投资锦言

基金收益如何进行分配和各国对基金收益税收政策密切相关。由于个人的利息收入、股息收入和资本利得在税负方面的处理是不一样的，所以大多数国家在基金收益分配时，会按照收益来源规定不同的分配比例。同时，基金的收益分配与基金的类别也有一定关系，收入型基金注重获得即期的收入，分配的比例较高，并以现金形式为主；而成长型基金侧重于基金资产的长期增值，因而分配比例相对较低。

个人投资者购买基金有哪些税收优惠？

对于个人投资者来说，较之机构、企业投资者在税收上可以享受某些优惠。

个人投资者买卖基金份额的差价收入不征收营业税，对买卖基金份额暂免征收印花税。

个人投资者买卖基金份额的差价收入，在对个人买卖股票的差价未恢复征收个人所得税之前，暂不征收个人所得税。

个人投资者从基金分配中获得的股票股息、红利收入以及企业债券利息收入，由上市公司和发行债券的企业在向基金分派股息、红利、利息时代缴20%的个人所得税，基金向基金投资者分配股息、红利、利息时，不再代扣代缴个人所得税。

对基金投资者从基金分配中获得的国债利息、储蓄存款利息以及买卖股票差价收入，在国债利息收入、个人存款利息收入及个人买卖股票差价收入恢复征收所得税以前，暂不征收所得税。

对个人投资者从基金分配中获得的债券差价收入，应按税法规定对个人征收个人所得税，税款由基金在分配时依法代扣代缴。

个人投资者申购和赎回基金份额取得的价差收入暂不征收个人所得税。

投资锦言

投资基金就像做生意一样也是有投入和产出的，投资者要追求的就是最少的投入和最多的产出。税收也可以算是投资者的投入成本之一，因为税收是要从其产出中扣除的，会减少投资者的收益，投资者最后获得的收益是在扣除税收、手续费及其他各项费用之后的余额。如果能充分地利用各种税收优惠，长期下来将能节省一笔相当可观的金额。

[案例] 为什么投资基金不投资股票?

李先生是广大基民中普通的一员，听人说投资基金也赚钱，于是在缺乏经验的情况下，将自己手中的一部分闲钱投资于基金市场。从他 2020 年 8 月认购第一只开放式基金易方达平稳增长以来，经过不断的观察、学习、对比、总结，目前收益颇丰，他总结出的心得是基金收益比股票好。

通常来说，基金公司的基金经理具有丰富的投资经验，深厚的理论知识，成熟的操作心态，水平不是一般散户股民可以比的。李先生在 2020 年基金和股市的投资情况也可以充分说明这一点：他投资的几只基金 2020 年净值增长都在 100% 以上，可是投资的几只股票却因为买卖点判断失误而出现了亏损。他发现，基金投资充分体现了专家理财的优势。

以苏宁电器这只股票为例，李先生是以 33.5 元的价格买入的，不久，这只股票就遭到了众多投资者的质疑。人们普遍认为这只股票的价格在 35 元左右比较合理。为防被套，李先生在股票涨到 34 元以上时就匆匆抛售，结果除去各种手续费，李先生只落得白忙一场。而他买入的易方达基金的持仓股票中有苏宁电器，但基金公司经过实际上门调查，并广泛搜集研究宏观经济数据、行业背景资料，认为这只个股当时的价值为 50 元，因此大量买入，结果获益颇丰。

[案例] 选择投资基金，放弃储蓄是为了什么?

李女士今年 42 岁，目前，李女士的家庭正处于高考准备期，家庭短期内应留有一部分子女上大学用的资金。李女士家庭银行存款 10 万元，目前的可投资资金都在银行，银行存款是最古老的理财方式，以获取利息为回报，风险最低。但银行存款利率仅 1.5%，处于较低水平，还有利息税。

专家建议，李女士把家庭银行存款中的 2 万元取出来办理货币市场基金，货币市场基金投资风险几乎为零，中等收益，截至 2020 年 12 月，很多银行发行的货币市场基金的平均年收益为 2% 左右，不收利息税，且按日计息，无申（认）购、赎回费用。这 2 万元货币市场基金短期内可以补足家庭的备用金，为家庭应急、子女大学教育准备资金。

由于目前市场上还没有收益适中的凭证式国债，专家建议余下的 8 万元资金投资稳健型的投资组合，分别投资保本基金 6 万元，平衡型开放式基金 2 万元。保本基金是在约定期限内 (一般为 3 年) 保证本金的安全，它目前所投资国债、金融债券、国债回购等业务，收益比较稳定，如避险增值基金 (保本基金)，投资期限不足 3 年，投资收益率达到 20% 以上。平衡型开放式基金具有“中低风险可控，中高收益可期”的产品特点。如有的基金品种，投资期限不足 1 年，目前投资收益在 10% 左右。下面是两种理财方式收益比较：

定期存款 10 万元：一年利率为 1.50%。投资理财产品组合：以 2020 年收益做参照，预期年收益为 15%~30%。

第2章　慧眼识珍进斗金——认识基金的投资种类

世界各国的投资基金虽然形式繁多，但是基本上都是模仿英、美两国早期的基金投资制度而发展起来的。概括而言，依据投资基金可否赎回分为开放式基金和封闭式基金；依据投资基金的法律地位进行划分，可分为契约型基金和公司型基金，其他不同类型的基金都是由此衍变出来的。对于这些不同种类的基金投资者应当清楚识别，知晓其内涵和特点，如此才能做好投资基金的准备，选出适合自己的基金。

什么是开放式基金与封闭式基金?

根据基金发行的证券是否可以赎回，可以将基金划分为封闭式基金和开放式基金。所谓开放式基金，是指基金发起人在设立基金时，基金规模不固定、单位总数随时增减，投资者可以按基金公司报价随时申购、赎回的一种投资基金。封闭式基金是指基金的发起人在设立基金时，限定了基金单位的发行总额，筹集到这个总额后，基金即宣告成立，并进行封闭，在一定时期内不再接受新的投资。基金单位的流通一般采取在证券交易所上市的办法。

具体来讲，开放式基金与封闭式基金有以下区别：

1. 是否可赎回的区别

封闭式基金改选后投资者不可要求赎回，只能进行买卖交易。而开放式基金所发行的基金单位是可赎回的，始终处于开放状态。

2. 存续期限的区别

封闭式基金通常有固定的封闭期，为 5 年以上，一般为 10 年或 15 年，并在发行时就明确了存续期限，一经发行成功，封闭运行，基金单位数和期限不再改变。如有特殊情况，经基金持有人大会通过并经主管部门同意，可以适当延长期限。而开放式基金没有固定的存续期，如果基金的运作得到基金持有人的认可就可以一直运作下去。

3. 规模限制的区别

封闭式基金发行上市后，在存续期内（我国规定不得少于 5 年），如果未经法定程序认可，不能扩大基金的规模。换句话讲，在正常情况下，封闭式基金在一定时期内规模是固定不变的。而开放式基金的规模是不固定的，一般在基金设立 3 个月或半年后，投资者随时可以申购新的基金单位，也可以随时向基金管理公司赎回自己的投资。因而，管理好的开放式基金，规模会越滚越大；相反，业绩差的开放式基金会遭到投资者的抛弃，规模逐渐萎缩，直到规模小于某一标准时被清盘为止。

4. 基金交易方式的区别

封闭式基金的投资者不能向基金管理公司赎回自己的投资，但是由于封闭式基金一般在交易所挂牌交易，投资者可以将其持有的基金单位转让给其他投资者，变现自己在基金上的投资。而开放式基金一般不上市，投资者要想买卖开放式基金，一般是向基金管理公司或其代理人提出申购或赎回申请。

5. 基金的交易费用不同

投资封闭式基金要支付证券交易税和手续费，这些费用不包含于基金价格之中。而投资开放式基金需要缴纳首次认购费、赎回费等相关费用，这些费用已包含于基金价格之中。一般而言，封闭式基金的交易费用要高于开放式基金。

6. 投资策略的区别

封闭式基金设立后，在相当长时期内规模固定，不能随时被赎回，其募集得到的资金可全部用于投资，资本不会大规模减少，因此基金管理人可以进行长期投资，更好地设计投资组合，分散风险，取得更好的长期经营绩效。而开放式基金由于要随时应付投资者的申购和赎回，基金资产不能全部用于投资，更不能全部进行长线投资，必须留存部分现金资产以备日常赎回之用，同时也要保持基金资产的流动性，以便出现大规模赎回时能迅速套现股票。

7. 基金管理要求不同

开放式基金随时面临赎回压力，所以更注重流动性等风险管理，要求基金管理人具有更高的投资管理水平。

8. 信息披露的要求不同

封闭式基金不需要按日公布资产净值，一般基金资产净值每周公布一次。开放式基金应由基金管理公司每日公布资产净值，并按资产净值为基础确定的交易价格每日受理基金的申购与赎回业务。

投资锦言

封闭式基金与开放式基金的区别只是相对而言的，它们共同构成了证券投资基金的两种基本运作方式。

什么是公司型基金与契约型基金？

依据基金的法律地位，可以将基金分为公司型基金和契约型基金。公司型基金是具有共同投资目标的投资者依据公司法组成以营利为目的、投资于特定对象（如有价证券、货币）的股份制投资公司。这种基金通过发行股份的方式筹集资金，是具有法人资格的经济实体。基金持有人既是基金投资者又是公司股东。公司型基金成立后，通常委托特定的基金管理人或者投资顾问运用基金资产进行投资。

契约型基金是基于一定的信托契约而成立的基金，一般由基金管理公司（管理人）、基金保管机构（托管人）和投资者（受益人）三方通过信托投资契约而建立。契约型基金的三方当事人之间存在这样一种关系：管理人依照契约运用信托财产进行投资，托管人依照契约负责保管信托财产，投资者依照契约享受投资收益。契约型基金筹集资金的方式一般是发行基金受益券或者基金单位，这是一种有价证券，表明投资者对基金资产的所有权，凭其所有权参与投资权益分配。

美国的基金多为公司型基金；我国香港、台湾地区以及日本多是契约型基金。

公司型基金与契约型基金主要有以下区别：

1. 法律依据不同

公司型基金组建的依据是《中华人民共和国公司法》，而契约型基金的组建依据是基金契约，《中华人民共和国信托法》是其设立的法律依据。

2. 基金财产的法人资格不同

公司型基金具有法人资格，而契约型基金没有法人资格。

3. 发行的凭证不同

公司型基金发行的是股票，契约型基金发行的是受益凭证（基金单位）。

4. 投资者的地位不同

公司型基金的投资者作为公司的股东有权对公司的重大决策发表自己的意见，可以参加股东大会，行使股东权利。契约型基金的投资者购买受益凭证后，即成为契约关系的当事人，即受益人，对资金的运用没有发言权。

5. 基金资产运用依据不同

公司型基金依据公司章程规定运用基金资产，而契约型基金依据契约来运用基金资产。

6. 融资渠道不同

公司型基金具有法人资格，在一定情况下可以向银行借款。而契约型基金一般不能向银行借款。

7. 基金运营方式不同

公司型基金像一般的股份公司一样，除非依据《公司法》规定到了破产、清算阶段，否则，公司一般都具有永久性；契约型基金则依据基金契约建立、运作，契约期满，基金运营相应终止。

投资锦言

依据我国 1997 年 11 月颁布的《证券投资基金管理暂行办法》，我国的基金为契约型基金。契约型基金中管理人与托管人的关系是：管理人负责投资决策，何时买、何时卖，买卖何种证券均由管理人决定；而所有的资金和证券均由托管人保管，具体的资金划转、证券交收则通过托管人办理。所以，投资决策由管理人作出，但一切都在托管人的监督之下。

什么是成长型基金、收入型基金与平衡型基金？

依据投资基金本身投资目标的差异，将投资基金分为成长型基金、收入型基金以及平衡型基金三种类型。

1. 成长型基金

成长型基金是以资本长期增值作为投资目标的基金，其投资对象主要是市场中有较大升值潜力的小公司股票和一些新兴行业的股票，这类基金一般很少分红，经常将投资所得的股息、红利和盈利进行再投资，以实现资本增值。为了分散风险，有些成长型基金也把一部分资金投资于优先股、债券或短期票券。

成长型基金的获利能力较强，但损失本金的风险也较大，属于高风险高回报的基金种类。因此，投资者在选择成长型基金时，应该考察该基金以往的业绩表现，特别是在熊市中的表现及目前的持股状况。

很显然，成长型基金主要适合有冒险精神的进取型投资者投资，年轻人多青睐于选择成长型基金。

2. 收入型基金

收入型基金是以追求基金当期的最大收入为投资目标的基金，其投资对象主要是那些绩优股、债券、可转让大额定期存单等收入比较稳定的有价证券，收入型基金一般把所得的利息、红利都分配给投资者，投资者可能获得资本利得。

收入型基金的特点是损失本金的风险相对较低，但资本成长的潜力也较小，属于低风险回报的基金种类。因此，收入型基金主要适用于保守型投资者投资需要，尤其深受老年投资者的欢迎。

3. 平衡型基金

平衡型基金是既追求长期资本增值又追求当期收入的基金，这类基金通常把资金分散投资于股票和债券，以保证资金的安全性和盈利性。

很显然，平衡型基金既有收入型基金的特点，又具有成长型基金的特点，是介于二者之间的一种投资基金。当股市处于牛市时，其收益往往低于成长型基金而高于收入型基金；当股市处于熊市时，其收益则低于收入型基金而高于成长型基金。就风险而言，通常情况下，平衡型基金比成长型基金小但比收入型基金大。

平衡型基金的双重目标，决定了其投资组合通常股票和债券各占一定的比例。例如，将25%~50%的资金投资于债券和优先股，其余的资金投资于普通股股票。这类基金追求的是基金单位净资产值（NAV）的稳定，可观的收入及适度的成长。

平衡型基金的数量较少，不到40个，这是因为多数基金经理不是专精于股票投资，就是对债券投资内行，很少有两样都精通的。

对投资者来讲，平衡型基金较好的地方是具有“一鱼两吃”的优点，方便投资者选择。由于其投资策略较保守，风险也较低，一般很适合资金不多的稳健型投资者。

投资锦言

不同的投资基金有不同的投资目标，有的追求当期收入，有的追求长期增值，有的二者兼而顾之。投资者进行基金投资时，也要有自己的投资目标，只有自己的投资目标与基金本身的投资目标相吻合，才能达到预期的投资目的，否则就会事与愿违。

什么是雨伞基金?

雨伞基金是指在一个母基金之下再设立若干个子基金，各子基金独立进行投资决策，从严格意义上说雨伞基金并不能算一种基金品种，而是基金管理公司为吸引顾客所采取的一种经营方式和基金的组织形式。它是同一基金公司为了吸引顾客，把自己名下的一组基金作为“护伞”（母基金），在“母基金”之下再设不同种类的基金，称为“子基金”（Sub-Fund），基金的各个子基金独立进行投资决策。投资于此类基金的投资者可以在护伞内的各子基金之间自由转换，而基金管理公司无权干涉，并且不会收取转换费，因而雨伞基金有相当大的吸引力。

从雨伞基金结构图（见图 2–1）可以看出，超级选择基金这一母基金包含了 10 个子基金，不同的子基金代表了不同的行业或投资目标，它们之间的风险程度、成长潜力和收益水平也不尽相同。特别是当投资市场的行情变动，投资者想调整自己的投资策略和投资目标时，雨伞基金更为投资者带来很多便利。从基金经理公司的角度看，雨伞基金内各子基金可能会因投资者频繁转换投资，导致子基金的资产水平上下波动，影响投资操作。但是，通过雨伞基金的形成，基金经理公司可以把更多投资者的资金留在基金里。这正是设立这类基金的目的。

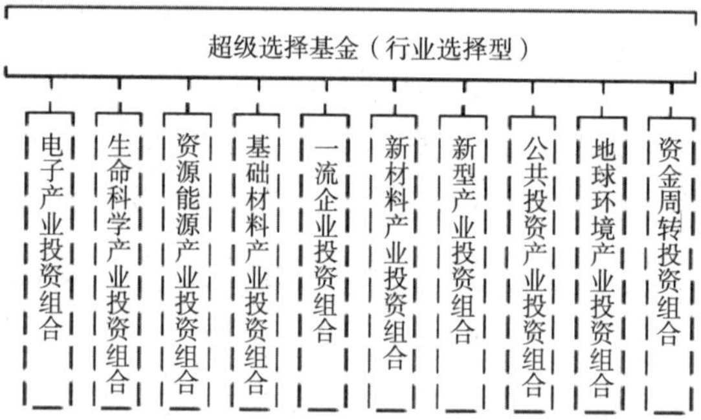

图2–1　超级选择基金（行业选择型）

投资锦言

投资者选择雨伞基金的优势在于：

1. 投资者可以有多种投资选择

一般而言，投资者根据市场行情的变化，往往会进行基金转换，即退出行情看淡的基金，转投行情看好的基金，或转入货币基金避风，以等待时机。但退出基金需要一定时间，从在基金单位证书上“背签”提出申请到收到赎回款最少需要一星期，且转投新基金还需交付 5% 左右的赎回和购买手续费。这样转换基金不仅耗费了时间，而且增加了投资成本。如果投资者选择的是伞形基金，就可以随时根据自己的需求转换基金类型，不需要很长时间和支付较高的转换费，这样就能够在低成本的情况下为投资者提供较大的选择余地，这也是它能够吸引众多投资者的原因。并且子基金种类越多，投资者选择的余地越大，其吸引力也就越大。

2. 基金的运作风险变小

作为开放式基金，基金管理公司要经常面对投资者的赎回压力，必须保留一定的可流动资金来应付投资者的赎回业务，影响基金的运作。特别是在市场热点不断转换时，投资者对不同品种基金的追逐也将发生变化，因而基金管理公司面临着更大的赎回压力和风险。而对于雨伞基金而言，基金的投资队伍比较稳定，可以将基金赎回的压力和风险减小到最低程度，降低了基金的运作风险，对于投资者而言是有益无害的。

什么是债券型基金，适合哪些人投资?

美国联准会主席格林斯潘可以说是全球最具影响力的央行总裁，不仅“格林斯潘打喷嚏、华尔街重感冒”的说法不胫而走，其一言一行也深受全球金融市场瞩目，但身为动见观瞻的央行总裁，格林斯潘如何打理自己的财富？为了竭力避免工作利益多方冲突，格林斯潘完全不投资股票，他选择收益稳定的债券作为增加财富的工具。

什么是债券？债券就是一国政府或企业举债融资的证券，你可以把它简单想象成政府或企业的借据。发行债券的政府或企业必须定期支付投资者固定的利息作为报酬，并且在债券到期时偿还投资者本金。债券市场的投资者以专业的机构法人为主，至于一般投资大众多利用债券基金介入，债券基金指的是发行基金证券所筹集的资金主要投资于可流通的国债、地方政府债券和公司债券等的证券投资基金。这种基金的证券投资组合主要以各类债券（甚至包括国际债券）为对象，但也不排除有一定数量（例如 20% 以下）的非债券证券，它以追求固定收益为投资目标。

债券型基金具有如下特点：

1. 流动性强

在发达的金融市场，投资者一般将短期闲置资金投资于短期债券基金，这和投资股票基金相比，风险大大降低，由于没有期限限制，基金经理人可以连续频繁地进行交易活动，因此，债券基金具有较高的流动性，当投资者遇到紧急情况或是更富有吸引力的投资机会时，它还可以提供必要的现金储备。

2. 安全性高

不论是政府发行的债券，还是公司发行的债券，不仅要按照规定支付利息，最终还要归还本金，因此，投资债券基金比投资股票基金具有更高的安全性，波动较少。

3. 收益稳定，但收益率较低

债券型基金的收益十分稳定，即使在股市低迷的时候，债券基金的收益仍然很稳定，不受市场波动的影响。因为债券基金投资的产品收益都很稳定，相应的基金收益也很稳定，当然这也决定了其收益受制于债券的利率不会太高。目前的企业债年利率为 4.5% 左右，扣除基金的运营费用，可保证年收益率为 3.3%~3.5%。

4. 投资灵活

可使普通投资者方便地参与银行间债券、企业债等产品的投资。这些产品对小资金有种种限制，购买基金可以突破这种限制。

总之，债券型基金的波动性通常要小于股票基金，是受益、风险适中的投资工具，所以比较适合不愿过多冒险、谋求稳定收益的投资者。

投资锦言

虽然债券型基金的收益稳定，但是如果资金频繁进出债券基金，则要承担 1%~1.5% 的申购赎回费用，每年的收益本来就限制在 4% 以下，这样就会把收益都消耗掉了。所以债券型基金适合长线投资，如果投资者没有时间和精力去研究股票、外汇等高风险、高收益投资工具，也不愿承担过高的风险，选择债券型基金可以获得超过银行利率的收益。

什么是股票型基金，股票型基金有哪些特点及如何分类?

市面上占大多数的基金都是股票型基金，这类基金是以股票为主要投资标的。股票基金作为一种投资工具，其长期表现好于其他投资基金，但它的缺点是价格波动稍大。这类基金在牛市中通常表现最好，但在熊市中表现就会比较差。

股票型基金有如下特点：

（1）股票型基金的投资对象具有多样性，投资目的也具有多样性。证券市场上的股票多种多样，这就为股票型基金的投资提供了多种选择，可以带来较高的回报。并且在投资时也可以根据不同的目的做出选择，如要追求高回报可以选择资本增值型股票基金，要想取得稳定的收入可以选择收入型股票基金。

（2）投资少、费用低。对一般投资者而言，个人资本毕竟是有限的，如果投资于股票的话可能只能选择一种或几种股票，而且风险较大，万一选择错误可能导致血本无归。同样的资本投入股票型基金，基金公司可以通过所有人的资金汇集后选择更多的股票，从而分散风险，使投资获得增值的可能性大大增加，即使有风险也可以共同承担，大大降低了投资风险。

（3）流动性强、容易变现。股票型基金的投资对象是流动性极好的股票，基金资产质量高、变现容易，如果需要可以及时实现，不会影响资金的周转。

（4）经营稳定、收益可观。一般来说，股票型基金的风险比股票投资的风险小，因而收益较稳定。不仅如此，封闭式股票基金上市后，投资者还可以通过在交易所交易获得买卖差价。基金期满后，投资者享有分配剩余资产的权利。

股票型基金有多种分类方式：

（1）按照股票种类的不同，可将股票型基金分为优先股基金和普通股基金。优先股基金是一种可以获得稳定收益、风险较小的股票基金，其投资对象以各公司发行的优先股为主，收益主要来自于股利收入。而普通股基金以追求资本利得和长期资本增值为投资目标，风险要较优先股基金高。

（2）按基金投资分散化程度，可将股票型基金分为一般普通股基金和专门化基金，前者是指将基金资产分散投资于各类普通股票上，后者是指将基金资产投资于某些特殊行业股票上，风险较大，但具有较好的潜在收益。

（3）按基金投资的目的，可将股票型基金分为资本增值型基金、成长型基金及收入型基金。资本增值型基金投资的主要目的是追求资本快速增长，以此带来资本增值，该类基金风险高、收益也高。成长型基金投资于那些具有成长潜力并能带来收入的普通股票上，具有一定的风险。收入型基金投资于具有稳定发展前景的公司所发行的股票，追求稳定的股利分配和资本利得，这类基金风险小，收入也不高。

投资锦言

股票型基金在基金投资中的获利性是最高的，但相对来说投资风险也较大，因此较适合积极型投资者。那么，投资者如何选择股票型基金呢？下面两个方法值得借鉴：

1. 看投资取向

看基金的投资取向是否适合自己，特别是对没有运作历史的新基金公司所发行的产品。基金的不同投资取向代表了基金未来的风险、收益程度，因此投资者应选择适合自己风险收益偏好的股票型基金。

2. 看基金公司的品牌

买基金是买一种专业理财服务，因此提供服务的公司本身的素质非常重要，但因种种原因，普通居民不可能全面了解每家基金公司和每只基金的情况，因此，基金公司的品牌非常重要。

目前，国内多家评级机构会按月公布基金评级结果，尽管这些结果尚未得到广泛的认同，但将多家机构的评价结果放在一起也可以作为投资者投资时的参考。

从目前各评级机构的评级结果看，市场基本上对运作开放式基金超过两年时间，既经历过低迷的熊市，也有在牛市投资的经验，其旗下基金的净值增长稳定，基本上都跑赢大盘，在同类型基金的平均水平之上的基金公司，普遍受到投资者的信赖和肯定。这类基金公司值得投资。

什么是混合型基金？

混合型基金是指既投资于股票又投资于债券等固定收益证券的基金。按照中国证监会颁布的《证券投资基金运作管理办法》的规定，投资于股票、债券和货币市场工具，并且股票投资和债券投资的比例与股票基金和债券基金不一致的，为混合型基金。

混合型基金尽管会同时投资于股票和债券等，但却常常依据基金投资目标的不同而进行股票与债券的不同配比。因此，通常可以依据资产配置的不同将混合基金分为偏股型基金、偏债型基金、股债平衡型基金、灵活配置型基金等。偏股型基金中股票的配置比例较高，债券的配置比例相对较低。通常，股票的配置比例为50%~70%，债券的比例为20%~40%。偏债型基金与偏股型基金正好相反，债券的配置比例较高，股票的配置比例则相对较低。股债平衡型基金股票与债券的配置比例较为均衡，比例大约为40%~60%。灵活配置型基金在股票、债券上的配置比例则会根据市场状况进行调整，有时股票的比例较高，有时债券的比例较高。

混合型基金的风险主要取决于股票与债券配置的比例大小。一般而言，灵活配置型基金、偏股型基金的风险较高；偏债型基金的风险较低；股债平衡型基金的风险与收益较为适中。

投资锦言

混合型基金的风险要低于股票型基金，预期收益则高于债券型基金。它为投资者提供了一种在不同资产类别之间进行分散投资的工具，比较适合风险程度适中或较为保守的投资者。

什么是货币市场基金，适合哪些人投资?

货币市场基金是指通过某些特定发起人成立的基金管理公司，通过出售基金凭证单位的形式募集资金，统一投资于那些既安全又富有流动性的货币市场工具，将由这些工具形成的资产组合收益按一定的规则在扣除一定比例的管理费用后，支付给基金凭证单位持有人。货币市场基金是专门以货币市场为投资组合领域和对象的共同基金投资方式，是共同基金的一种，有时也简称货币基金。

货币市场基金主要投资于国库券、商业票据、银行定期存单、政府短期债券等短期货币工具，具有良好的稳定性，风险较低，其特点具体表现在：

1. 货币市场基金均为开放式基金

货币市场基金均是开放式基金，可以满足投资者随时提现的需要，因此被视为无风险或低风险投资工具，适合资本短期投资生息以备不时之需，特别是在利率高、通货膨胀率高、证券流动性下降、可信度降低时，可使本金免遭损失。

2. 资产净值固定不变

货币市场基金与其他基金最主要的不同在于基金单位的资产净值是固定

不变的，通常是每个基金单位 1 元。投资者投资货币市场基金后，其收益是通过基金份额的不断累积来体现的，同时投资者可利用收益再投资，增加所拥有的基金份额。例如，投资者以 100 元投资于某货币市场基金，可拥有 100 个基金单位。一年后，若投资报酬率是 8%，那么该投资者就多了 8 个基金单位，总共为 108 个基金单位，价值 108 元。

3. 从收益率看基金表现

货币市场基金的净值是不变的，那么如何判断一只基金的好坏呢？要看基金的收益率，衡量货币市场基金好坏的标准就是收益率，这与其他基金以净资产价值增值获利不同。

4. 投资成本低

货币市场基金通常不收取赎回费用，并且其管理费用也较低，货币市场基金的年管理费用大约为基金资产净值的 0.25% ~ 1%，比传统的基金年管理费率 1% ~ 2.5% 低。

5. 收益率比银行存款高

货币市场基金一般是在利率高、通货膨胀率高的经济环境中诞生的，其目的是获取高于银行储蓄的收益率。并且它可以最大限度地实现规模效益，用汇集而来的数以亿计的资金进行金融“批发”业务，以争取到较优惠的价格，从而获得较高的收益。

6. 流动性好、资本安全性高

这些特点主要源于货币市场是一个低风险、流动性高的市场。货币市场基金的流动性几乎接近商业银行的活期存款，其买卖形式和便利度与银行存款也十分接近。尽管货币市场基金不对投资者承诺本金安全，但其安全性并不输于银行存款。

7. 风险性低

货币市场工具的到期日通常很短，货币市场基金投资组合的平均期限一般为 4 ~ 6 个月，因此风险较低，其价格通常只受市场利率的影响。值得注意的是，货币市场基金的低风险并不是没有风险，其风险主要来自两个方面：一是通货膨胀风险，当通货膨胀率超过短期资金市场利率时，投资收益风险就会凸显；二是巨额赎回风险，因各类市场因素的变化，基金的开放性特征可能会导致投资者大量卖出基金份额，从而造成基金净额下降或是基金的终止清算，此时投资者所获得的收益往往低于其预期值。

总之，货币市场基金以其费用低、风险低获得了广大投资者的青睐，拥有一定金额的短期闲置资金，并希望有稳定增值机会的投资者，均适合投资货币市场基金。

投资锦言

货币市场基金被称作天然的“股市避风港”，因为它的投资范围都是一些高安全系数和稳定收益的品种，通常情况下，既能获得高于银行存款利息的收益，又保障了本金的安全。具体地，根据《货币市场基金管理暂行规定》的规定，我国货币基金的投资范围包括：

（1）现金；

（2）一年以内（含一年）的银行定期存款、大额存单；

（3）剩余期限在三百九十七天以内（含三百九十七天）的债券；

（4）期限在一年以内（含一年）的债券回购；

（5）期限在一年以内（含一年）的中央银行票据；

（6）中国证监会、中国人民银行认可的其他具有良好流动性的货币市场工具。

什么是期货基金，我国期货基金发展概况如何？

期货基金是一种以期货为主要投资对象的投资基金。期货是一种合约，需一定的保证金（一般约5%~10%）即可买进合约。期货可以用来套期保值，也可以小博大，如果预测准确，短期能够获得很高的投资回报；如果预测不准，遭受的损失也很大，具有高风险、高收益的特点。

1949年，美国诞生了世界上第一只期货投资基金。经过几十年的发展，其规模迅速壮大。目前，美国期货投资基金不仅成为一种重要投资工具，而且已成为机构投资组合中不可缺少的一部分，在促进美国资本市场发展和繁荣美国期货市场方面发挥着重要作用。期货投资基金在欧洲、日本和澳大利亚等国家与地区也已步入快速发展阶段。

中国期货发展至今，商品期货的基本骨架已经坚实起来，但是相比起国外发达成熟的商品市场来说，支撑这些骨架的血肉仍不够丰满。市场缺少期货投资基金，是血肉不够丰满的主要原因。目前我国期货市场除了少数机构大户外，投资者80%为散户，投资理念不成熟，市场功能难以充分发挥。在这种资金结构下，期货价格要么不够活跃，现货企业无法参与市场，要么过于投机，期货价格和现货价格过度偏离，现货企业无法进行正常的套期保值。

在当今国际商品期货市场上，无论是美国的CBOT、NYMEX还是英国的LME市场，投资基金都是参与市场的主流资金。这些基金分为商品基金（以套期保值操作为主）和投机基金（以投机获利操作为主）两大类，基金规模庞大，少则几亿美元，多则上千亿美元。正是这些投机基金和商品基金的博弈，才使得期货市场的价格发现和套期保值功能得以实现。这些成熟基金的运作，主导了世界金属能源、原材料和农产品市场的价格形成，进而使得美国、英国等期货市场拥有了世界大宗商品的“定价权”。

中国期货在争夺世界商品定价权的过程中，一直处于比较被动的跟随地位，发展中国期货基金，进而壮大中国商品期货市场，已经关系到中国市场经济能否健康发展。由于政策限制，现阶段国内还没有公募期货基金，但目前国内存在大量与美国私募期货基金和个人管理期货账户类似的地下期货私募基金。这些广泛存在于期货市场的私募基金，由于规模小难以成气候。为了在国际贸易中充分发挥“中国因素”作用，争夺全球大宗商品话语权，适时推出期货基金应是一个明智之举。

期货基金能否顺利获得“准生证”取决于众多因素。首先，法律法规尚有限制，《期货交易暂行条例》依然禁止证券公司等金融类企业进入期货市场。其次，基金管理人能否对期货基金产品进行合理设计，特别是对期货风险控制方面。最后，管理层对期货市场态度也值得关注，证券投资基金属于社会公募资金，涉及社会的方方面面，关系重大。一旦出现不可控市场风险，就会造成期货基金出现过度投资风险，也会造成负面影响。中期协在其研究报告中指出，近期中国发展期货投资基金的思路有两条：一是对中国目前存在的大量地下期货私募基金进行引导和规范；二是可选择少数条件较好的证券投资基金，允许其将部分资金投资于期货市场作为试点。从中远期看，随着中国资本市场进一步发展和完善，中国期货投资基金将呈现出公募和私募并存，公募期货投资基金与私募期货投资基金公开、合法地共同发展。可以肯定的是，未来期货基金将把期货行业推向一个新台阶。

投资锦言

期货投资基金在本质上仍属于一种期货交易方式，因此，期货交易所具有的，如使用经济杠杆、既可卖空又可买空、市场流动性好等特点它都具有。同时，它兼具基金的特点，如专家管理、组合投资、规模效应、安全性高，又使它不同于一般的期货交易。其特点主要表现在：组合投资，分散风险；降低成本，提高收益；有利于吸引更多的期货投资者；方便参与全球投资。期货投资基金不但能让投资者在本国充分的投资分散化，而且因其与国际金融也有弱相关性特征，所以它有利于全球化的分散投资。同时，随着期货市场的全球化，投资者通过期货投资基金参与期货投资，还可以低成本参与全球投资。

什么是期权基金，股票期权有何特点？

期权基金是指以能分配股利的股票期权为投资对象的投资基金。

所谓股票期权计划，就是公司给予其经营者在一定的期限内按照某个既定的价格购买一定公司股票的权利。公司给予其经营者的既不是现金报酬，也不是股票本身，而是一种权利，经营者可以以某种优惠条件购买公司股票。一般而言，股票期权具有如下显著特征：

（1）同普通期权一样，股票期权也是一种权利，而不是义务，经营者可以根据情况决定是否购买公司的股票。

（2）这种权利是公司无偿赠送给它的经营者的，也就是说，经营者在受聘期内按协议获得这一权利，而一种权利本身也就意味着一种“内在价值”，期权的内在价值表现为它的“期权价”。

（3）虽然股票期权和权利是公司无偿赠送的，但是与这种权利相联系的公司股票却是要经营者花钱去购买的。

投资锦言

股票期权的基本内容是给予公司内部人员在未来某特定的时间按某一固定价格购买本公司普通股的权利，而且这些经营者有权在一定时期后将所购入的股票在市场上出售，但期权本身不可转让，即在签订合同时给予高级管理人员在未来某一特定日期以签订合同时的价格购买一定数量公司股票的选择权。持有这种权利的经营者可以在规定时期内以股票期权的行使价格（Exercise Price）购买本公司股票。在行使期权以前，股票期权持有人没有任何现金收益；行使期权以后，个人收益为行权价与行权日市场价之间的差价。经营者可以自行决定在任何时间出售行权所得股票。

什么是指数基金，指数基金投资有哪些优势？

指数基金是按照某种指数构成的标准购买该指数包含的证券市场中的全部或者一部分证券指数的基金，以达到使投资者获取与市场平均收益相接近的投资回报的目的。指数基金是成熟的证券市场上不可缺少的一种基金，在西方发达国家，它和股票指数期货、指数期权、指数权证、指数存款和指数票据等其他指数产品一样，日益受到包括交易所、证券公司、信托公司、保险公司和养老基金等各类机构的青睐。

指数基金投资的优势主要体现在以下几方面：

1. 管理费用降低

由于指数基金采取的是跟踪指数的指数化投资策略，基金管理人不必对股票的选择和投资时机的把握进行分析和研判，因此可以大大减少管理费用。同时，由于指数基金在较长的时间内采取的是持有策略，所以其交易成本也远远低于其他类型的非指数型基金。

2. 可以很好地降低市场风险

从理论上讲，综合型指数基金可以完全分散股票的非系统性风险，行业型指数基金则可以充分分散行业内的非系统性风险，任何一只股票的价格波动都不会对指数基金的整体表现产生很大的影响。

3. 指数基金的风险具有一定的可预见性

通过对标的指数历史数据的分析可以较好地预测指数基金的变化趋势，从而使指数基金能够避免遭受不可预测的风险。

4. 程式化交易减少人为干预

指数基金运作最关键的因素是标的指数的选择以及对被选择标的指数的走势进行分析，而不是频繁地进行主动性投资。指数基金管理人的主要任务只是监测标的指数的变化情况，并保证指数基金的组合构成与之相适应，有效地控制跟踪误差。

投资锦言

“我能想到最浪漫的事，就是和你一起慢慢变老……”这或许就是指数基金投资价值和投资意义的最佳写照。“股神”巴菲特曾说过，不买指数基金是你的错，投资指数基金好处多多。在中国股市的低迷期，指数基金似乎在投资者眼中只是个不值一文的小角色，但牛市行情，指数基金可大展拳脚。天天基金网的数据显示，2020 年指数基金收益为正的比例高达指数 93.74%，表现抢眼。

对于指数基金的投资选择，基金业内人士表示，投资者主要应考虑以下几个因素：

（1）关注其所在的基金管理公司。

（2）关注其所跟踪的指数。一般认为，由一些专业独立第三方指数编制机构编制的指数具有较强的客观性和科学性。指数基金跟踪指数的偏离度，偏离度越小，跟踪误差越小，其有效性越好。例如，指数涨了20%，但是跟踪误差偏离了5%，这样可能你只赚了15%，相当于少赚了5%。

（3）关注其费用情况。目前市场上的指数基金包括纯指数基金和加强型指数基金，两者在费用上有所差别，投资者应比较其风险收益和费用状况后再选择适合自己的基金产品。

（4）关注投资者自身的风险偏好和财务状况。对于保守型投资者，最好选择波动小一点的指数基金。如果投资者愿意承受较高的风险并期望获得更高的收益，那么就可以选择高成长性指数基金。

什么是认股权证基金，为什么认股权证是高风险高回报？

认股权证基金是指以认股权证为主要投资对象的基金。认股权证是指由股份有限公司发行的、能够按照特定的价格，在特定的时间内购买一定数量该公司股票的选择权凭证。由于认股权证的价格是由公司的股份决定的，一般来说，认股权证的投资风险较通常的股票要大得多。因此，认股权证基金也属于高风险基金。

认股权证之所以受到一些公司的青睐，是因为它具有以下功能：

（1）可以作为认购新股或债券的诱饵。集资公司发行股票时规定附送一定比例的认股证，可以提高认购新股的吸引力，有助于实现集资计划。

（2）有助于集聚更多的资金。因为认股权证的行使价一般都高于股票发行价，所以当持有人行使认股权时，集资者便可得到较多的资金。

（3）可以作为控制股权的工具。当大股东控股权受到威胁时，可抛售一部分正股，购入数量超过售出正股数倍的认股权证，就有足够的百分比控制公司股权。

认股权证一般具有融资便利、对冲风险、高杠杆等特点。具体来说，它具有4个特点：

（1）权证的持有者有权利而无义务，两者都有期权的特征。在资金不足、股市形势不明朗的情况下，投资者可以购买权证而推迟购买股票，减少因决策失误造成的损失。

（2）权证为投资者提供了杠杆效应。投资者可用少量资金购买备兑权证，取得认购一定数量股份的权利，可能赢得一旦这些股份上市可获得的价差，具有以小搏大的特性。

（3）结构简单、交易方式单一。认股权证是一种个性化的最简单的期权。它的认购机理简单、交易方式与股票相同，产品创新的运作成本相对较低。大部分衍生产品都是以现金进行交割，而认股权证可以用实券交割，更符合衍生产品发展初期投资者的交易习惯。

（4）权证的发行不涉及发行新股或配股。它的发行是因为发行人已拥有大量已发行的股票，或通过市场吸纳了现有的股票，以备各备兑权证持有者行使权利，因此发行备兑权证具有套现的目的，它并不增加证券的总量，不会摊薄正股的每股盈利；而一般认购证因涉及发行新股或配股，所以在发行时都伴随着股本的扩张，具有集资的目的。

认股权证是一种高风险、高收益的投资品种，其风险和收益均远远大于股票。因为权证有存续期，一般为3~18个月，一旦存续期满将因行权或其他原因而消失，而股票只要不退市可以一直存续，权证到期不行权或不结算就分文不值了。当然权证的收益也很高，在极强的杠杆效应作用下，权证盈利有可能达到成百上千倍。例如，某上市公司目前的市价为10元，发行的权证在二级市场交易价格为0.5元，发行契约规定投资者可以在6个月后以9元的价格买入该公司股票，那么，该股票在6个月后的价格必须达到9.5

元以上，投资者才可以获利。如果半年后，该股票因为市场低迷而出现下跌，价格只有 8.5 元，那么，投资者购买权证的 0.5 元就全部亏损，损失的程度是 100%。但如果 6 个月后，因公司业绩大幅提升，该股票的价格达到了 13 元，那么，股民投资权证的账面收益就是 13 元减去 9.5 元，等于 3.5 元，也就等于投资者在半年前以 0.5 元买入的权证，6 个月后的收益是 3.5 元，收益率达到 700%。而同期买进股票的投资者是不可能亏损 100% 或盈利 700% 的。投资者还可以选择直接卖出权证，而不必买卖股票。例如，一个投资者有 10 万元资金，按照 10 元市价只能买进 1 万股。可是其用同样的资金却可以买进 20 万份权证，当股票价格上涨以后，权证的价格也会跟着上涨，而且权证交易中不需要缴印花税，交易费用远低于股票。

投资锦言

认股权证基金的投资，由于高获利率，一直是吸引投资者投资基金的对象。其获利的表现常超过股票及债券基金，在经济景气低靡时，是投资认股权证基金的最佳时机，此时由于认股权证溢价的水准低落，杠杆倍数却为 4~5，若股市随着经济成长，其投资报酬率将极为惊人，深具投资潜力。

什么是交易型开放式指数基金（ETF）？

ETF 是英文全称 Exchange Traded Fund 的缩写，字面翻译为交易所交易基金（实际上，国内以前大都采用这一名称），但为了突出 ETF 这一金融产品的内涵和本质特点，现在一般将 ETF 称为交易型开放式指数基金。

ETF 是一种跟踪标的指数变化，且在交易所上市的开放式基金，投资者可以像买卖股票那样，通过买卖 ETF，从而实现对指数的买卖。因此，ETF 可以理解为股票化的指数投资产品。

从本质上讲，ETF 属于开放式基金的一种特殊类型，它综合了封闭式基金和开放式基金的优点，投资者既可以向基金管理公司申购或赎回基金份额，又可以像封闭式基金一样在证券市场上按市场价格买卖 ETF 份额。不过，ETF 的申购赎回必须以一揽子股票换取基金份额或者以基金份额换回一揽子股票，这是 ETF 有别于其他开放式基金的主要特征之一。

与传统封闭式基金、开放式基金相比，ETF 有很多优点。

首先，ETF 克服了封闭式基金折价交易的缺陷。封闭式基金折价交易是全球金融市场的共同特征，也是迄今为止经典金融理论尚无法很好解释的现象，被称为封闭式基金折价之谜。这一现象在我国表现得尤为突出。当前在沪深证券交易所上市的封闭式基金二级市场交易价格，相对于其单位净值折价幅度较高。由于封闭基金的折价交易，全球封闭式基金的发展总体呈日益萎缩状态，其本来具有的一些优点也被掩盖。ETF 基金由于投资者既可在二级市场交易，也可直接向基金管理人以一揽子股票进行申购与赎回，这就为投资者在一、二级市场套利提供了可能。正是这种套利机制的存在，抑制了基金二级市场价格与基金净值的偏离，从而使二级市场交易价格与基金净值基本保持一致。

其次，ETF 基金相对于开放式基金，具有交易成本低、交易方便，交易效率高等特点。目前投资者投资开放式基金一般是通过银行、券商等代销机构向基金管理公司进行基金的申购、赎回，股票型开放式基金交易手续费用一般在 1% 以上，一般赎回款在赎回后 3 日才能到账，购买不同的基金需要去不同的基金公司或者银行等代理机构，交易便利程度还不太高。但投资者如果投资 ETF 基金，可以像股票、封闭式基金一样，直接通过交易所按照公开报价进行交易，资金次日就能到账。

最后，ETF 一般采取完全被动的指数化投资策略，跟踪、拟合某一具有代表性的标的指数，因此管理费非常低，操作透明度非常高，可以让投资者以较低的成本投资于一揽子标的指数中的成分股票，以实现充分分散投资，从而有效地规避股票投资的非系统性风险。

正是具有上述一系列优点，近 10 年来，ETF 已经成为全球增长最快的金融产品：美国证券交易所（AMEX）于 1993 年 1 月 29 日推出了标准普尔指数存托凭证SPDRs。此后，ETF产品在美国乃至全球迅速发展起来。

国内首只ETF是上证50ETF，50ETF是跟踪上证50指数，并在交易所上市的开放式指数基金，由华夏基金管理公司管理，采取完全被动的管理方式，以拟合某一指数为目标，兼具股票基金和指数基金的特色。

投资锦言

在投资ETF时，投资者首先要弄清楚ETF所跟踪的是什么指数，对指数所含成分股的分析以及指数构建方法的了解都是不可缺少的。用于分析ETF的收益指标包括二级市场价格收益率、基金净值收益率。用于分析ETF运作效率的指标主要包括折（溢）价率、周转率、费用率、跟踪偏离度、跟踪误差等。ETF的折（溢）价率与封闭式基金的折（溢）价率类似，等于市场价格与基金份额净值的比值减1。折（溢）价率大于一定幅度时会引发套利交易，同时它也是一个反映ETF交易效率与市场流动性好坏的指标。周转率通常用日或周表示，等于ETF二级市场成交量与ETF总份额之比。

作为被动型的指数基金，ETF的投资目标不是超越指数的表现，而是希望取得与指数基金一致的收益，因此基金收益与标的指数收益之间的偏离程度就成为评判ETF是否成功的一个指标。偏离程度可以用跟踪误差与跟踪偏离度两个指标来衡量。

日跟踪误差等于ETF日净值收益率与标的指数收益率之差。跟踪误差也可以用月或季等表示。跟踪偏离度等于考察期内跟踪误差的标准差。

什么是上市型开放式基金（LOF）？

LOF的英文全称是“Listed Open – Ended Fund”，即“上市型开放式基金”。也就是上市型开放式基金发行结束后，投资者既可以通过基金的代销或直销网点进行一般开放式基金的申购赎回，也可以通过二级市场买卖已存在的基金份额。不过投资者如果是在指定网点申购的基金份额，想要上网抛出，须办理一定的转托管手续；同样，如果是在交易所网上买进的基金份额，想要在指定网点赎回，也要办理一定的转托管手续。

上市型开放式基金有如下特点：

1. 降低交易成本

LOF 产品的交易成本相对低廉，持有人通过证券交易所买卖 LOF 基金单位的双边交易费用最高为 0.5%，远低于在一级市场申购和赎回的双边 1.5%~2% 的平均交易费用。交易者交易成本降低，提高了交易效率。

2. 加快交易速度

开放式基金场外交易采用未知价交易，T ＋ 1 日交易确认，申购的份额 T ＋ 2 日才能赎回，赎回的金额 T ＋ 3 日才从基金公司划出，需要经过托管银行、代销商划转，投资者最迟 T ＋ 7 日才能收到赎回款。

LOF 增加了开放式基金的场内交易，买入的基金份额 T ＋ 1 日可以卖出，卖出的基金款如果参照证券交易结算的方式，当日就可用，T ＋ 1 日可提现金，与场外交易相比，买入比申购提前 1 日，卖出比赎回最多提前 6 日，加快了交易时间，提高了交易效率。

另外，通过证券账户，利用交易电话、网络方式交易等，比目前国内销售开放式基金的银行提供的面对面的柜台式服务更为方便和快捷。

3. 提供套利机会

LOF 采用场内交易和场外交易同时进行的交易机制为投资者提供了基金净值和围绕基金净值波动的场内交易价格。一旦在交易所挂牌交易的开放式基金出现有高于赎回费的折价时，就会有套利者在二级市场上自动买入，再到银行以基金净值赎回，赚取差价。

4. 多种交易模式可选择

除了通过基金的直销网点、银行等代销点进行一对一的交易外，LOF 还可以像买卖封闭式基金一样，在二级市场买卖已存在的开放式基金份额，投资者又多了一种选择，也更加方便了。

5. 提高基金的运作透明度

LOF 一旦在交易所上市后，除了像传统的开放式基金一样公布每日净值等信息外，还必须遵守交易所的信息披露规则，因此将大大提高基金运作的透明度，有助于开放式基金的规范运作。

投资锦言

交易 LOF 过程中需要注意以下两点：

（1）登记在交易所系统中的基金份额只能参与买卖交易，不能直接申请赎回；而登记在注册登记系统中的基金份额只能申请赎回，不能直接参与交易所交易。

（2）投资者如需将登记在证券登记结算系统中的基金份额申请赎回，或将登记在注册登记系统中的基金份额通过交易所交易，应当先办理跨系统转登记手续（在银行或者证券机构办理），即将登记在证券登记结算系统中的基金份额转登记到注册登记系统，或将登记在注册登记系统中的基金份额转登记到证券登记结算系统。

LOF与ETF有何异同点？

1. LOF 与 ETF 的相同之处

（1）同跨两级市场。ETF 和 LOF 同时存在一级市场和二级市场，都可以像开放式基金一样通过基金发起人、管理人、银行及其他代销机构网点进行申购和赎回，也可以像封闭式基金那样通过交易所的系统买卖。

（2）理论上都存在套利机会。由于上述两种交易方式并存，申购和赎回价格取决于基金单位资产净值，而市场交易价格由系统撮合形成，主要由市场供需决定，两者之间很可能存在一定程度的偏离，当这种偏离足以抵消交易成本的时候，就存在理论上的套利机会。投资者采取低买高卖的方式就可以获得差价收益。

（3）折溢价幅度小。虽然基金单位的交易价格受到供求关系和当日行情的影响，但它始终围绕基金单位净值上下波动。由于上述套利机制的存在，当两者的偏离超过一定程度时，就会引发套利行为，从而使交易价格向净值回归，所以其折溢价水平远低于单纯的封闭式基金。

（4）费用低，流动性强。在交易过程中无须申购和赎回费用，只需支付最多 0.5% 的双边费用。另外，由于同时存在一级市场、二级市场流动性明显强于一般的开放式基金。ETF 属于被动式投资，管理费用一般不超过 0.5%，远远低于开放式基金的 1%~1.5% 水平。

2. LOF 与 ETF 的不同之处

（1）创新定位不同。LOF 是通过利用交易所网络为传统开放式基金品种提供另一发行、交易渠道，而 ETF 是以追踪某一指数为目的，份额可在交易所交易的基金品种。

（2）申购、赎回标的不同。LOF 份额的申购、赎回均采取现金形式，ETF 份额的申购赎回往往是一揽子股票。

（3）基金投资策略不同。LOF 基金的投资没有特殊限制；而 ETF 是以追踪某一指数为目的的投资，投资往往限制于目标指数的成分股。

（4）环境依赖不同。LOF 对市场环境没有特殊的依赖，各类开放式基金都可采取 LOF 形式；而 ETF 是一类非常精致的跟踪某一指数的基金产品，对环境的依赖性很强。

投资锦言

上市开放式基金（LOF）与交易所交易基金（ETF）是一对比较容易混淆的概念。因为它们都具备开放式基金可申购、赎回和份额可在场内交易的特点，但二者又存在本质的区别，这一点需要投资者认真揣摩。

什么是保本基金，适合哪些人投资？

保本基金是指在满足一定的持有期限要求后，为投资者提供本金或收益保障的基金产品，“保本”即“保证投资者本金安全”之意。投资者只要持有基金到保本周期结束，就可以获得本金安全（承诺保本金额）或一定回报的保证。

保本基金的管理人通常为持有人提供某种具有法律效力的保本承诺，具体方式一般是由某家信誉良好的机构为管理人提供担保，承诺保证基金持有人的资金到期不会损失。

保本基金的投资保障主要从两个方面来获取：一方面，保本基金通过一种以保本为基础的投资策略来保证基金的资产净值到期保持在事先约定的本金保证水平之上；另一方面，保本基金引入银行、保险公司或其他专业担保机构对本金保证提供第三方的担保，万一到期的基金净值低于事先约定的本金保证，担保方将保证投资者的本金保证能够得以实现。

当然，投资者选择保本基金时要了解基金管理公司对该基金的保本承诺，有的保本基金只对认购基金份额保本，并不包含其认购费用。

一般情况下，投资者可以在保本周期内赎回，但提前赎回将得不到任何回报保证。当然赎回后，高于基金净值的部分归属投资者，因此，保本基金既可以在证券市场低迷时期让投资规避亏本的风险，又可以在市场活跃期共享盈利回报。较典型的保本基金属于一种半封闭半开放基金，如南方避险基金——规定开放赎回日和不定期认购期，基金管理公司也只对认购期的基金做出保本承诺。

保本基金适合那些担心本金损失，抗拒投资风险，同时又期望获取高于银行存款和国债回报的中长线投资者，投资期一般为 2~5 年。

投资锦言

保本基金的收益率“保本且上不封顶”。也就是“上不封顶，下不亏损”，投资者可能获得较高收益率，也可能仅仅保本。由于保本基金对股票的投资比例一般不超过30%，对债券等风险较小的品种投资比例较大，这样的组合一般都能够保证本金安全，即“下不亏损”。因此，如果你的钱长期不用，在保本之外还想获得比国债收益更高的机会，就可以考虑购买保本基金。那么，如何购买保本基金呢？

消费者可以到当前推出了保本基金的银行去购买，比如到中行、农行、工行，只要基金募集日9：30～17：00（周六、周日照常营业）投资者就可以购买。

个人投资者办理基金交易账户和基金账户开户申请时须提交下列材料：填妥“基金交易账户开户申请表”和“基金账户开户申请书”；本人有效身份证件原件及复印件；代销银行指定的本人银行卡。在认购本基金前已经开立了交易账户和基金账户的个人投资者无须再开立交易账户和基金账户，可直接认购本基金。

个人投资者办理认购申请时须提交下列材料：“基金认购申请表”（签章）、本人有效身份证原件、代销银行指定的本人银行卡。

同时，申请购买保本基金时，个人投资者必须注意以下事项：需要本人到代销基金的银行办理开户和认购手续。如果没有代销银行指定银行卡，可根据代销银行的办卡程序在代销银行当场办理，但建议有意认购的个人投资者提前办理。如果个人投资者办理认购，应预先在指定银行卡中存入足够的资金。

收费基金与不收费基金有哪些不同？

根据投资者买卖基金凭证是否需要支付手续费，投资基金可划分为收费基金和不收费基金。买卖手续费或销售费是指为支付基金宣传和经纪人佣金所收缴的费用。费用又可以分为两种，一种是认购费，即购买基金时所缴纳的手续费；另一种是买回费，即买回基金时应付的手续费。一般称认购费为前收费，买回费为后收费。

基金购买或买回时需要投资者支付费用的基金称为收费基金；反之，若不支付费用的基金则称为不收费基金。现在大多数基金都是收费基金，不收费基金甚少。

收费基金与不收费基金两者的比较：

（1）不收费基金使投资者以较低的交易费用进行买卖，大大降低交易成本。

（2）收费基金一般能使投资者享受较好的售后服务，如提供咨询等；另外，收费基金在收取一定费用后，能提高其经营管理的水平。

收费基金和不收费基金都是开放式基金。

投资锦言

由于基金收费直接关系到投资者的资本增长速度和收益水平，因此投资者在投资前有必要研究一下基金收费问题。

基金交易中常用术语有哪些？

（1）建仓：对于基金公司来说就是指一只新基金公告发行后，在认购结束的封闭期间，基金公司用该基金第一次购买股票或者投资债券等（具体的投资要视该基金的类型及定位来确定）。对于私人投资者来说，建仓就是指第一次买基金。

（2）持仓：投资人手上持有的基金份额。

（3）加仓：是指建仓时买入的基金净值涨了，继续加码申购。

（4）补仓：指原有的基金净值下跌，基金被套一定的数额，这时于低位追补买进该基金以摊平成本。（被套，简单地说，就是投资人以某净值买入的基金跌到了该净值以下。比如1.2元买的跌到了0.98元，这就是说投资人在该基金上被套0.22元）

（5）满仓：就是投资人把所有资金都买了基金，就像仓库满了一样。大额资金投入的叫大户，更大的叫庄家；小额资金投入的叫散户，更小的叫小小散户。

（6）半仓：用一半的资金买入基金，账户上还留有一半的现金。如果是用70%的资金叫7成仓……可依此类推。如投资人有2万资金用1万买了基金，就是半仓，称半仓操作。表示没有把资金全部投入，是降低风险的一种措施。

（7）重仓：重仓是指这只基金买某种股票，投入的资金占总资金的比例最大，这种股票就是这只基金的重仓股。同理，如果投资人买了三只基金，有70%的资金都投资在其中一只上，那么这只基金就是投资人的重仓。

（8）轻仓：重仓反之即轻仓。

（9）空仓：把某只基金全部赎回，得到所有资金。或者投资人把全部基金赎回，手中持有现金。

（10）平仓：平仓容易和空仓混淆，应注意区分。平仓即买入后卖出，或卖出后买入。比如今天赎回易方达价值，等赎回资金到账后，又将赎回的资金申购上投成长先锋，相当于调整自己的基金持有组合，但资金总额不变。如果是做多，则是申购基金平仓；如果是做空，则是赎回基金平仓。

（11）做多：表示看好后市，现以低净值申购某基金，等净值上涨后收益。

（12）做空：认为后市看跌，先赎回基金，避免更大的损失。等净值真的下跌再买入平仓，待净值上涨后赚区差价。

（13）踏空：由于基金净值一直处于上涨之中，净值总是在自己的心理价位之上，无法按预定的价格申购，一路空仓，就叫踏空。

（14）逼空：是指基金涨势非常强劲，基金净值不断抬升，使做空者（后市看跌而先期卖出的人）一直没有好机会介入，亏损不断扩大，最终不得不在高位买入平仓。这个过程叫逼空。

投资锦言

了解与基金相关的术语，可以帮助基金投资者更好地评价目标基金，从而在基金投资过程中掌握更多主动权。

[案例]望子成龙的赖先生，投资货币市场基金

赖先生夫妇在其60岁时同时退休。退休前两人的收入每年均以3%增长。两个人的生活支出在退休前每年也以3%的速度增长。考虑到退休后年龄增长，医疗支出有所加大，夫妇的生活支出水平将以5%速度增长。赖先生家庭的自住房产尚有18万本金的贷款余额。假设剩余贷款为商业性住房贷款，等额本息还款方式。考虑赖先生夫妇工作较为稳定，其夫人身为医务人员，银行将给予基准下浮15%的贷款利率。根据目前市场贷款利率，实际将按6.0435%年利率执行。

赖先生夫妇目前的收入处于中等水平，假设退休后每月两人共领取2500元的养老金。

由于赖先生的儿子正在攻读硕士学位，需要承担的学费尚有12万元。所以赖先生想通过基金理财的方式为孩子准备求学费用。因此他请教了相关专家，得到的建议是购买货币市场基金。

赖先生通过投资货币市场基金或短债基金，在获得高于银行一年期定期利息的同时，享受最少T+1的资金调度时效。既能实现资金的安全升值，又能解决儿子的学费需求，还可当作家庭的应急金。目前，市场上货币基金的7天年化收益率基本维持在2%左右。

配置基金投资组合，稳健投资，储备夫妇俩养老金。除了考虑儿子短期学费要求所作的货币基金投资外，家庭应把其余资产作适当积极的投资。赖先生家目前可以投资的其他资产为市值8万元的股票。

因赖先生夫妇距离退休时间不长，职业生涯已逐渐进入下坡，资产投资增值主要是储备夫妇俩的养老金，为此股市高风险的特征已经不适宜赖先

生。赖先生应趁股市多年低迷后的回暖良机，及时解套变现手中的股票。通过重新构建长期低风险的基金投资组合，来获取更为稳健的投资收益，不断积累夫妇俩的养老金。

[案例] 投资指数型基金也可获丰厚回报

高先生夫妇都是教师，每月收入不下万元，家里刚买了一套两居室的二手房，还准备再买辆车。目前两人的积蓄 6 万元都存在银行里，但高先生不甘心只赚那点微薄的利息，买股票又怕被套，想要投资基金，但又不知购买哪种类型的好？

由于高先生夫妇收入稳定且预期良好，因此风险承担能力较强，可以较大的风险来追求较高的回报，所以，基金经理建议，像高先生这样缺乏理财经验和时间的投资者，投资于指数基金是个可行的选择。

为此，基金经理向高先生推荐了易方达上证 50 指数基金。

截至 2020 年 12 月 31 日，易方达上证 50 指数基金在指数基金中排名第一位，截至 2021 年 3 月 24 日，易方达 50 指数基金近一年的累计净值增长率为 39.85%，超越了大部分主动型股票基金。

第3章　高屋建瓴巧设计——制订严密的投资计划

投资基金相对股票来说，较为简单，无须具备过多的专业知识，但是在投资前应该制订严密的投资计划，这样才能把投资风险降到最低。

认清基金的投资目标

任何投资都是为了取得收益，但是不同的人对相同的获利可能有不同的用途。有的人投资是为了眼前的收入，有的人则着眼于长期的资金积累。一般来说，投资目标可分为以下几种：

1. 当前或即期收入

投资者的投资就是为了获取眼前的固定收入，以维持部分或全部的生计。

2. 即期收入与资本利得并举

投资者除了希望获得固定的收入外，也希望资金能不断地成长壮大。

3. 资金长期增长

投资者重视资金的长期成长，并不仰赖目前的投资收入来维持生计。

4. 积极性的资金成长

投资者的目的在于追求资金的最大增值，不在意投资的短期收入，愿意冒较大的风险，投资于获利较大的项目。

了解了投资目标以后，投资者可根据自己的个性倾向，作出投资决策。假如投资者是年轻富有的单身或年轻夫妇，应该以积极成长的投资目标为主，资金成长为辅，重点考虑资金的积累；投资者如果有了子女，就要稍保守一些，因为除了积累一些资金外，还有许多现时的需要，如房子、家用电器、孩子的花销等，这就要求投资者应当以当期收入和资本利得并重为主，而以资金长期增长为辅进行投资；等孩子长大各自独立，投资目标就可以调整到更安全、稍保守的投资上，以当期收入与资金成长并重作为投资目标；退休人员投资的固定收入就是生活的主要来源，只能将少部分钱购买追求长期成长的基金。

投资锦言

因为各人的投资目标有差异，不同类型的基金会面临不同的投资风险。当然，任何投资的道理都是一样的——风险越高，利润越大；风险较低，回报率亦相应递减。

普遍的概念是，投资者的年龄越大，其对风险承担的程度也相应越低；而年纪越轻，其冒险性与所能承担的风险也就越高。所以，不同的年龄，或随着年龄的增长，其投资目标也应作出适当的调整。

做好心理准备，明确自己的风险承受力

不是所有投资都适合任何人。个别的理财计划也未必适合所有人。你需要拟定你的理财目标，并估计投资期限。对个人的风险取向应充分理解，使投资的配置与组合，能有效地运作，达成个人目标。

专家认为，一般来说，下列三个因素决定了个人风险承受能力：

1. 年龄与投资期限

年轻的投资者一般能承受较大的短期波动，他们遇到短期账面损失还有漫长的时间去弥补。

2. 总资产及收入情况

一份安定、高收入的工作，一份丰富的个人财产，代表一个安全网，可以从容应付短时间的投资损失，也代表可以更进取地投资。

3. 个人情绪

有些人对金钱特别紧张，他们可能无法面对损失，就是账面上的损失也令他们无法入睡，态度相当悲观。有些人面对损失处之泰然，认为是漫长投资历程中的一段小插曲而已。

准确评估自己的风险承受能力是一项非常复杂但又十分必要的工作，衡

量自己的风险承受能力一般采用定性分析的办法。

定性分析主要是通过对自己年龄、财富、工作状况、教育程度、家庭状况、性别等方面的信息进行分析，从而大致确定自己的风险承受能力。一般而言，年龄是影响客户风险承受能力的首要因素，年龄越大，风险承受能力越弱；个人财富越多，风险承受能力越强；工作越稳定，收入越高，风险承受能力也越强；受教育程度越高，风险承受能力越强；未婚的风险承受能力高于已婚；男性的风险承受能力高于女性。

投资锦言

风险承受能力会随着环境变化而变化。很多人在表现活跃的牛市中，较能忍受波动，接受较多风险。此外，当某人的工资增加时，风险承受能力会上升；随着年纪的增大，风险承受能力会下降。因此，一个人的风险承受能力是很难准确测定的。投资者在投资基金过程中面对众多基金要作出合适的选择，首先应该考虑风险取向及投资目的。

你是哪种类型的投资者？

基金市场一般有三种不同类型的投资者：

1. 积极型投资者

积极型投资者一般愿意花费时间和精力管理他们的投资，通常他们的投资收益率较高。积极型的投资者，根据市场经验判断目前股市处于阶段性高点，为了保住已有的胜利果实，他们选择赎回基金，落袋为安。而且股指越涨，越要赎回获利丰厚的基金。等待市场调整后，他们择机杀入，以期分享股指上涨带来的净值上涨收益。此类投资者苦心经营的波段操作，虽然一定程度上避免了基金净值大幅下跌的风险，但也可能错失基金持续上涨的收益，一进一出还要搭上手续费，尤其对于股票型基金，申购和赎回的费率都比较高。此外，普通投资者专业知识有限，同时存在信息不对称的劣势，很难预知行情拐点，也许在基金收益很高的时候买进，在走下坡路的时候卖出。如此操作，岂不是赔了夫人又折兵？对于投资周期较短的投资者应另当别论。如果短期收益达到预期投资目的，选择赎回无可厚非。

2. 保守型投资者

保守型投资者只对自己很熟悉的项目进行投资，或者已经获利的项目及风险很低的项目进行投资，而不会轻易对新项目进行投资，当然这样相对来说获利较少，会错过许多机会。

3. 稳健型投资者

稳健型投资者，采取懒人理财的方式，他们长期看好证券市场未来的发展，摒弃市场噪音的干扰，坚定果断地投资基金，并采取长期持有的态度。这类投资者往往无暇顾及上市公司披露的信息，不受各种渠道信息的影响，因此通常花费较少的心思获得较高的收益，他们只要拥有耐心便可安然享受牛市盛宴。基金的长期投资，关键要选择值得信任的基金经理，优秀的基金经理通常有较为丰富的投资经验，背后有强大且稳定的投研团队的支持，他们的业绩是牛市和熊市的长跑冠军。将资金交给这样的管理者打理，当股市面临调整时，基金经理会通过调整仓位、行业及个股集中度来规避组合风险。因此，如果长期看好股票市场，宜采用此类投资方式，组合中各基金达到合理配置后，投资者不妨做一回甩手掌柜。或是采用定期定额有规律的理财方式，效果甚佳。

投资者类型不同，对投资工具的选择也就不同。不同类型投资者对投资工具的选择如表 3-1 所示。

表3-1　不同类型投资者投资选择对照表

基金类型	投资组合	风险性	适合群体
股票型 价值型	投资于大盘蓝筹股	中等至偏高	积极型投资者
成长型	投资于具有行业成长型的股票	中等至偏高	积极型投资者
指数型	投资于股票指数成分股	中等至偏高	积极型投资者
混合型	在股票与债券之间进行动态配置	中等至偏高	积极型投资者

续表

基金类型	投资组合	风险性	适合群体
行业型	投资于成长性较好的行业	中等至偏高	积极型投资者
配置型	投资于股票、固定收益类债券和货币市场工具	中等风险	稳健型投资者
债券型	债券为主、股票为辅	中低风险	稳健型投资者
保本型	债券、股票	低风险	保守型投资者
货币型	央行票据、金融工具	低风险	保守型投资者

投资锦言

俗话说得好，最适合的就是最好的。对于不同类型的投资者来说，在挑选基金的时候应该各取所需，选择最适合自己的基金投资方式和组合。例如，股票型基金具有高收益、高风险的特征，适合那些愿意承受较高风险、追求高回报的积极型投资者；配置型基金更适合稳健型投资者；货币基金适合那些要求本金绝对安全、流动性高、回报略高于存款的保守型投资者……所以，在下决定之前首先要做的一件事就是——了解你自己，看看自己是哪种类型的投资者。

你可以通过完成下面这份《投资者类型测试》来判断自己属于哪种类型的投资者。

投资者类型测试

第一步，请在每个问题中选择你的答案，并记录所选答案后面的分值。

1. 除了银行存款，你目前拥有的投资品种主要是：

A. 还是银行存款（1）

B. 债券（包括债券型基金）（3）

C. 证券投资基金、房地产（以投资为目的），信托计划以及各种类型的组合（5）

D. 股票（7）

2. 你对你家将来的经济状况有多么自信？

A. 没有信心（1）

B. 有一定信心，但还比较担心（3）

C. 比较有信心（5）

D. 非常自信（7）

3. 你投资时希望获得的比较满意的收益率大约是：

A. 银行存款利率（1）

B. 国债收益率（3）

C. 明显高于国债收益率，但要比较稳定（5）

D. 股票指数的平均收益率（7）

4. 任何投资都有风险，追求的收益越高，需要承担的风险越大，你承受投资带来的损失的心态如何?

A. 不希望蒙受任何损失（1）

B. 为了获得一定的收益，可以接受一些损失（3）

C. 为了获得较高的收益，可以接受一些损失，但要控制损失的限度（5）

D. 舍不得孩子套不到狼，为了博得高收益，再大的损失也在所不惜（7）

5. 你预期的投资期限是：

A.2 年以下（1）

B.2~5 年（3）

C.5~10 年（5）

D.10 年以上（7）

6. 现有四个不同的投资产品，如果用 10000 元买入并持有三年后的价值可能在如下不同的范围，你愿意选哪一种投资产品?

A.10060~11210（1）

B.9200~12250（3）

C.7650~15160（5）

D.6110~18510（7）

7. 你的年龄是：

A.30 岁以下（5）

B.30~45 岁（7）

C.46~55 岁（3）

D.55 岁以上（1）

8. 你的家庭每年人均税后收入是：

A.1 万元以下（1）

B.1 万 ~5 万元（3）

C.5 万 ~10 万元（5）

D.10 万元以上（7）

9. 你的家庭拥有的总资产（不包括不动产）现在的市场价值是：

A.2 万元以下（1）

B.2 万 ~8 万元（3）

C.8 万 ~15 万元（5）

D.15 万元以上（7）

第二步，计算问卷得分：累计每题你选择的答案后面的括号中的数字并加总。

第三步，计算测试得分：测试得分＝问卷得分 ×25÷18。

第四步，根据最后得分，0~35 分为保守型投资者，35~75 分为稳健型投资者，75~100 分为积极型投资者。

你处于哪个年龄段？

年龄问题是个人投资者在进行基金投资时必须进行自我审视的方面之一，因为不同的年龄阶段所适合购买的基金类型也是不一样的。

1. 年龄：24~35 岁

群体特征：此阶段的人们可塑性强，潜力大，正处于人生的上升阶段。年轻，几乎没有经济负担，但积蓄也比较少。消费观念紧跟潮流，注重娱乐产品和基本的生活必需品的消费。同时，为了将来的成家、事业的发展，也开始未雨绸缪。同时，随着年龄的增长，赚钱能力也逐渐加强。总的来说，风险承受能力比较强。

基金组合建议：风险承受能力比较好，以资产的增值为首要目标，可以多选择一些股票方向的基金。

2. 年龄：35~50 岁

群体特征：已经成家，夫妇已经有了一定年纪，但有未成年的子女需要抚养。属于上有老下有小的“夹心”一族，家庭、工作的压力都比较大。处于这一阶段的消费者经济状况尚可，消费习惯稳定。因这一阶段的投资者处于家庭生命周期的成熟期，风险偏好受家庭整体的财务状况影响比较大，因此，风险承受能力也因家庭财务状况而定。

基金组合建议：分析自己的风险承受能力，结合自己的实际情况选择基金组合，确保资产的保值增值。

3. 年龄：50 岁以上

群体特征：这一年龄层的人们即将或已经退休，子女已经成年并且独立生活。处于这一阶段的人们收入大幅度减少，收入仅来源于每月的退休金，只能应付日常的家庭支出。由于已经退休，未来收入的增长空间有限，因此在投资过程中，资金的安全性尤为重要。这是老年人理财与中青年的一个最大的区别，因为老年人没有重来的机会，风险承受能力比较弱。

基金组合建议：以保证资金安全为第一，在此基础上追求资产的稳健增值。选一些保本型基金比较合适。

投资锦言

随着年龄的增长，人们风险承受能力逐步降低，需调整激进型理财工具（如股票基金）和稳健型理财工具（如债券基金、超短债基金、货币市场基金）的投资比例。对于 60 岁以内的工薪族来说，100 减自己的年龄，是投资股票基金的参考比例，其余资金可投资货币基金、债券基金及混合型基金；对于 60 岁以上、接近或已经退休的年长人士，不妨以货币基金、债券基金为主进行投资，投资股票基金的比例最好不要长期超过 20%。以上是一种速算方法。美国经济学家伯顿·马尔基尔考察了20世纪80年代末的美国股票和债券市场后，向不同年龄的人提出了除不动产之外的财产投资建议：20~30岁时，生活节奏快，富有进取心，有稳定的收入，风险承受力相当高。投资比例：现金5%、债券或储蓄25%、股票（主要指股票基金）70%。30~40岁面临中年危机。对无孩子的双职工而言，风险承受能力仍很高。投资比例：现金5%、债券40%、股票基金55%。40~60岁，该年龄组的人开始考虑退休计划，以及收入保护的需要。投资比例：现金5%、债券或储蓄45%、股票（选择风险较前两者为小的股票基金）50%。60岁以上人的生活方式是：享受闲暇活动，同时积攒大笔健康保护成本。无风险承受力或几乎没有。投资比例：现金10%、债券或储蓄60%、股票30%。伯顿·马尔基尔的建议对中国人来说只是一个参考与借鉴，但是对于各年龄层的人来说应该具有一定的指导意义。

不同投资者适合不同的投资计划？

由于每个投资者的具体情况不同，投资者所需要的投资计划也会不同，然而公式投资计划法则适合诸多不同投资者的需要，帮助投资者实现投资的目的。

公式投资计划法是指投资者首先按照一个固定的计划定出买入和卖出价值的计算公式，再依此计算结果所指示的去运作。投资公式不是一个简单的公式，而是有很多种，所以适合不同的投资者的要求，它主要可分根据趋势原则来拟定、以平均数来计算，以及用各种资产的比率关系来订定。公式投资计划法的重点是要把握趋势的变化，而并非预测市场的变化趋势。无论用什么公式，其大原则高沽低吸是不变的。

1. 比率投资计划

比率投资计划分为固定比率投资计划和变动比率投资计划两类。

固定比率投资计划是将定额的资金，按照固定的比例分别投资于基金与其他资产中，并订出一个每项资产价格的“浮动常数”，而根据该常数做买入与沽出不同资产的依据基础，以便及时调整各投资对象的持有比重，以期最终令投资比重与固定比率计划相接近。

变动比率投资计划是投资者根据当时的基金单位价格，将资金依照适当比例分散投于基金与其他资产或有价证券中，根据有关基金单位价格的变化调整各项资产组合比例。

假设投资者将资金平均分别投于基金和债券类，并定出计划常数10%。当基金单位价格常数上升10%时，便沽出10%的基金持有量，以此类推依次售出基金单位，使两者的投资组合总额之比例有所变动而出现基金比重不断减少的情形。反之，若基金单位价格常数下降10%，则宜购入该基金10%，令基金单位不断增加。

在债券资产方面也如此：常数上升10%则沽出相应比重的债券；常数下降10%则增持一成债券资产。投资者可根据组合内之常数变化而随时调整基金或债券之间的比重。

2. 平均投资计划

平均投资计划的原则为：在一定时期内，以同样的投资金额在不同的基金价格水平，购入不同数量的基金单位，然后在高过平均成本入价时将分批买入的基金单位悉数沽出获利。平均投资计划的优点是较为简单易用，即使是初入门的投资者摸不清变化多端、错综复杂的市道行情，仍可出入自如、进退得当。

例如，投资者若以每次1000元的投资金额，在某基金单位价10元时购入100单位，升上15元之时则可购入67单位，20元时可买50单位。此时，其投资额3000元之购入单位为217，平均价约13.82元。也就是随着基金价格的上升，其市场价与平均价差距越大，利润越大。

此平均投资方式通用于基金价格上升市，亦可用于下跌市，但在上升市介入更为有利。在单位价上升时介入市场几乎没有亏蚀的可能，只是赚多赚少的分别；而价值下跌时介入市场，若市势持续向下而不反弹，有可能导致投资者损失或套牢资金，若市势回升高出均价时便可抛售全部基金单位而获利。当然，这种投资方法没有收回资金时间的限制，若有必要，投资者也可以随时中止这项投资计划收回本金。

3. 分级投资计划

分级投资计划法是公式计划法中最简单的一种。投资者首先将投资的基金划分买卖的价值与等级后，再依既定之价值等级来买卖。

买卖等级应按价格波动的幅度而确定，而买卖价位的确定则以买卖等级作为依据。例如，某种基金单位价格现为 100 元计，且以价格升降 5% 为划分等级的依据，则该基金之买卖等级便为 –5%、–10%、5% 和 10% 等，而其相应的买卖价格便是 90 元、95 元、105 元和 110 元等。

按照价格上升时抛售、下跌时买入的投资原则，根据既定的等级运作可以在基金价格 100 元时购入 10 个单位，若价格降至 95 元时再购入 10 单位；反之，若升上 105 元则售出 10 个单位。若价格升上 105 元则抛出 10 个单位，若持续下滑则在 90 元再买入 10 个单位，待价格回升至 100 元时再售 10 个单位。在这种投资计划下，可令每一项买卖都有利可图，这是由于购入基金的平均价格一直低于卖出的平均价格。

4. 分散与常数投资计划

分散与常数投资计划方法是指将一定量的资金依一定比例分别投资等两种及以上的基金，然后定出一个价格波动的波幅为“常数”作为买卖准则。如果所投资的基金单位价格上升的幅度高于预定计划常数，则宜于沽售获利；反之，基金单位价格跌幅若超过该常数，宜立即抛售套回现金“换马”，购入其他正在上升或有上升潜质的基金对象。

对一些初入门基金投资者，经验不足或资金实力不大者，此类较为短期的投资的典型运作是颇为适合的。

此类计划操作简单，例如投资者以 10000 元资金平均投入两种基金，将浮动常数定为 5%，假定甲基金购入价为 10 元，而乙基金买入价为 20 元。依此方式运用，投资者在甲基金低于 9.5 元或高于 10.5 元时需沽售；而乙基金低于 19 元或高于 21 元时，亦应予以沽出该基金。

运用这种方法，常数的确定非常关键。若整体市场行情波动较大，则常数应越小，反之，市场行情波动较小，则常数应越大，只有如此，方能提高盈利水平与缩小风险程度。同时，要留意避免在基金单位价偏高时买入，因偏高价再攀升机会减少，而下跌时亦没有新资金入市将成本拉低，故有相当风险。

另外，在选择不同的基金作分散投资对象时，以价格趋势不同的基金作对象，始能收分散风险之功效。

投资锦言

以上四种不同的基金投资策略和计划各有短长，适合不同的投资者，可依据本身的因素和实力来实际运用其中的一种，甚至多种结合来取得最佳回报与经济效益。

基金投资多少为宜?

最近，理财市场基金比较火，周围的同事、亲戚朋友在家庭理财时，往往都会把基金作为投资对象之一。他们问的最多的问题之一就是“该买多少份额的基金才合适呢？”很多朋友可能都会这么想，把资产的一部分买股票，一部分买基金。这其中的比例多少才是合适的呢？

其实，关于这个问题并没有一定的标准答案，一般来讲，能承受较高风险的投资者可以采用比较积极的投资组合。投资组合中，可以选择较高的比例来投资风险偏高的资产，比如股票、股票型基金等；而风险承受能力较低的投资者，在投资组合中应该以风险较低、风格稳健的资产为主，比如定期存款、债券、债券型基金和货币型基金等。

由此看来，基金投资应该占资产多少比例才合适，需要视投资组合中其他资产配置的状况而定。

例如，如果你投资的资产中已经有相当多的股票，那么可以考虑将部分投资转换到股票型基金上，这样可以降低投资单一股票的风险，同时还可以享受股票投资的收益增长，另外再搭配定期存款、债券或是债券基金、货币市场基金。如果资产配置已经相当保守，定期存款、债券占了大多数，那么可以通过增加偏股型基金的方式来提高收益率。如果你的资产配置中的投资对象，它们的风险收益水平过于接近的话，最好做一些相应的调整，将资金分配在不同风格的投资对象上，这样会相应安全一些。

投资锦言

一种简便而较为保守的理财法则是“年龄 +40”法则。把你的年龄加上 40 所得的和，就是你应当用于投资的百分比，除掉这部分后的余额才用于投机。换言之，假设你现在 32 岁，你的年龄加上 40 后为 72，那么你总资产的 72% 应当用于有固定收益和股票基金的投资，而其余 28% 用于股票之类的投机。即使用于投机部分资产，也最好选择那些有良好分红纪录的绩优股。如果你现在 50 岁，那么你应当把 90% 的资产始终进行安全的投资，如果希望投机的话，就用余下的 10%。年逾 60 之后，那么你就不要去投机了。许多人在此时被问及“如你能重新工作，你将不做什么及你又将做什么”这类问题时，最多的“不再做”的事是投资于股市，最多的“再做”的事是获得更全面的人身保险。

基金投资要把握细节

“你买基金了吗？”已成为 2020 年的问候语，可见基金的受重视程度。尽管证监会和专家近来屡屡对基金投资提出风险警示，但面对股市调整，部分基金净值下跌，基民的投资热情依然不减。那么在基金买卖中，应当如何规避风险？又应该把握哪些细节呢？

1. 准确把握认购时间

新上市的开放式基金设有发行期，由商业银行负责代销或基金公司同时直销，只要在发行期内投资者都可以购买该基金。但是基于近来基金市场的火爆，许多新基金在起售时点的半小时内即告售罄，所以投资者不仅要了解基金的发行日期，还应当清楚起售时点，准确把握基金的认购时间以保证自己可以买到想要的基金。

2. 灵活选择基金认购形式

基金的认购渠道有很多种，除了传统的商业银行、直销网点外，还有电话银行、网上银行的认购方式，目前约有 70% 的基金产品开通了网上销售渠道。虽然电话银行、网上银行与柜台购买的起售时间相同，但由于电话银行、网上银行无须排队等待，且端口较多，办理业务较快捷，并且还有费用上的优惠。作为投资者可以灵活选择认购形式，不一定非要到银行去购买，这些新的认购方式也是非常实用和便捷的。

3. 及时核实购买是否成功

由于不少基金公司采用了限额申购、认购，即一旦达到了即定的购买量，发行期、申购期会提前结束，或是由于基金异常波动，基金也会暂停申购。尤其是基金比较火爆的时候，很多基金都会转眼售罄，投资者要及时了解基金公司的公告，核实交易是否成功。通常投资者可以在 T+2 后在网上银行的理财账户中查询交易情况或在网点柜台打印成交确认书，确保交易成功。

4. 巧妙进行基金转换

投资者可以选择的基金有很多，在合适的时机转换不同的基金可以很好地避开风险，获得更好的收益。尤其是购买一家基金管理公司旗下的多只不同类型的基金，可以根据基金配置品种的市场变化，进行同一家基金管理公司不同类基金产品之间的转换，不但可以达到灵活投资的目的，还可以减少不必要的申购、赎回费用。

5. 关注基金净值的变动

基金的净值变动是基金业绩的重要表现，通过观察和了解基金净值变化的过程，特别是基金配置品种的收益变化，可以作为投资者投资决策的重要依据。并且它对“高抛低吸”赚取基金差价也是很有帮助的，特别是当净值出现剧烈波动时，购买股票型基金是比较适宜的。

6. 坚持长期投资的理念

基金产品的申购、赎回费率是比较高的，特别是持有基金产品的时间越短，基金的申购、赎回费率就越高。所以投资者最好坚持长期投资理念购买基金产品，不但可以享受到较低的费率，还能享受到避险期内免除费率的优惠。由于没有一定的额度限制，只要具备长期投资理念，中小投资者虽然没有强大资金支持，同样可以实现高于基金产品本身运作带来的高收益。

投资锦言

人们常说细节决定成败，基金投资同样适用，一些看似不起眼的细节问题，却可以降低投资者投资的风险或者增加投资基金的收益。投资者应当重视投资基金中的细节，使理财变得简单、有利。

［案例］孙先生的“补充养老金计划”

孙先生是某公司中层管理人员，太太是一家国企的营销人员，两人均面临退休和内退问题。虽然他们知道退休后的养老保险金不是很多，特别是这次养老金政策改变后还有可能变得更少，但由于家底殷实，孙先生从未担忧过自己的退休生活。

目前孙先生的月工资及奖金收入为 13000 元，年末有 3 万元分红；太太月收入 4000 元；20 岁的女儿在上大二，3 万元的年末分红恰好支付女儿一年教育费用。除去家庭月支出 8000 元和保费月支出 1000 元，每月可有 8000 元的结余。

孙先生现有一套 120 平方米的住房，按揭已还清，目前手中持有市值 10 万元的股票和 30 万元的人民币定期存款。面对养老金政策变化，孙先生想提前规划自己的“补充养老金”。

孙先生和太太的单位均为他们交纳养老保险，但这种保险只能维持退休后基本生活，如果想生活得更好一些，只能靠自己制订“补充养老金计划”。孙先生收入颇丰，家境殷实，并且夫妻的工作应当比较稳定，他们完全可以用提高现有资产理财收益来为自己的养老提供更好保障。

但是，孙先生现在的理财结构有不足之处：在理财上走了两个极端——占家庭金融总资产25%的10万元股票风险太大，属于激进型投资；占家庭资产75%的定期存款又过于保守，收益较低，难以抵御通胀带来的贬值风险。因此，孙先生的理财结构需要进行适当调整。

单纯从养老的角度来说，目前各家保险公司推出的年金保险比较适合孙先生的理财需求。于是，孙先生选择了投资附加住院医疗保险和意外伤害保险，这样他退休后可以领取养老金以及累积红利，作为“补充养老金”，从而提高自己的生活质量。另外，这种保险组合还对疾病和意外伤害进行了保障，做到了养老、医疗和意外保障全面兼顾，使家庭的抵御风险能力更强。孙先生正在考虑拿出部分后续追加此类保险组合。

[案例] 李先生的个性投资策略

李先生是一家小型零售百货商店的老总，可能是干啥吆喝啥吧，对自身经营的零售百货商店很有信心。不论李先生是不是真的在吹嘘，但从其每天来往的客流量来看，生意肯定不错。其一，商店内没有空闲的场地，摊位爆满；其二，李先生从来没有因为租金收不上来而发愁过；其三，商店内的摊位不断在丰富产品，商户们兴高采烈，满面春光。

正是有商业经营上的诸多体会和感受，使李先生在理财上也颇有一套。对于李先生来说，熟悉的行业就是最好的投资。按李先生的话说：“投资我不懂，但行业的效益和未来前景我是知道的。我相信作为理财专家也不会放弃景气行业的机会，而去寻找不景气的行业。随着人民币升值速度的加快，银行、房地产等行业的前景应当可期，并具有极强的升值潜力。这就如在商业中心经营零售百货一样，投资收益是显而易见的。”

按照李先生的投资需求和个性偏好，银行的工作人员为其量身选择了与行业有关的股票型基金，包括嘉实服务增值行业基金，目前净值已达1.60元以上，景顺长城内需增长基金，目前基金净值已达2.40元以上，长城消费增值基金，目前净值已达1.30元以上。当然，也有易方达价值精选这样的百亿基金。尽管李先生选择的可能不是基金中表现最优秀的，但至少是自己最满意的，这本身就是一笔财富，因为只有制订了明确的投资计划，并严格遵守和执行，基金良好的管理和运作能力才能得到凸显。按李先生的想法就是："买基金就像经营店铺，靠的是日积月累，而短期的暴利未必能够令人放心。"

实践证明，李先生的基金投资和配置思路无疑是正确的。

第4章　坐以待“币”巧算计——选择适合自己的好基金

目前市场上的基金数量越来越多，让投资者有些目不暇接，甚至开始无所适从。投资基金最重要的就是基金的选择，如果投资者没选好基金的品种，那么很可能到头来落个“一着不慎，满盘皆输”的结局。

挑选好基金的标准有哪些？

截至 2020 年 12 月 31 日，2020 年各个类型公募基金合计发行 1441 只，股票投资方向基金发行 671 只，债券投资方向基金发行 664 只，商品投资方向基金发行 16 只，混合投资方向基金发行 43 只，其他投资方向基金发行 47 只。不同基金具有不同的风格，“价值成长”“高成长”“红利回报”等琳琅满目，如何选择适合自己的基金就成为比较头疼的事情。其实，具有竞争优势的好基金还是有一定标准的，购买基金只要从以下多个标准方面考虑，还是可以获得一定安全回报的。

1. 基金公司业绩表现优异

在境外，过去三年业绩是基金评比最重要的一个评估期间，国际基金评鉴机构通常都会选择成立满三年的基金才予以评比。而专家认为，由于基金业发展时间不长，此时可通过观察基金公司所有基金业绩来判断产品的业绩趋势，一般来说，如果一家基金公司基金业绩参差不齐，投资就有一定的风险；如果公司所有产品业绩都比较优良而稳定，就说明公司整体运作水平好，此类较好的基金公司目前也纷纷出现，如广发基金、长城基金等。

2. 投资策略科学合理

基金的投资策略应符合长期投资的理念。投资者应避免持有那些注重短线投机以及投资范围狭窄的基金，另外，基金经理应该有丰富的投资经验，这关系到基金管理人的过往业绩的持续性。

3. 基金的长期累积报酬率高

挑选基金时，必须对基金的绩效进行评估。基金的操作绩效等于买这只基金的投资报酬率。报酬率分为两种：累积报酬率和平均年报酬率。累积报酬率是指在一段时间内，基金单位净值累计成长的幅度。而平均年报酬率是指基金在一段时间内的累积报酬率换算为以复利计算后每年的报酬率。

平均年报酬率之所以重要，是因为基金过去的平均年报酬率可以当作基金未来报酬率的重要参考。如果一只基金过去10年平均年报酬率为15%，通常可以预期其未来的报酬率也应当维持这样的水平。有了预期报酬率之后，一般财务计算或是规划就可以进行了。

国内的投资者往往以短线的报酬率判断基金的好坏，其实这样做是错误的。长期累积报酬率才是评估基金好坏最客观的标准。如果只以基金短期的表现作为参考，则质地优良的基金会因为短期表现不佳而被忽略。

4. 业绩基准性价高

判断一只基金操作得好不好，光看绝对报酬率是不够的，还要和其业绩基准（Benchmark）作比较。每只基金都有一个业绩基准，这是衡量基金表现的重要依据。作为一个经理人，首要工作就是打败业绩基准。比如，对一只指数基金而言，如果表现输给所复制的指数，那么投资者自己照着每家公司占指数的比重买股票就好了，何必还要经理人呢？所以，评估一只基金的表现，首先要看这只基金的表现是不是比业绩基准好，其次看这只基金是不是比其他同类基金绩效优良或是表现更为稳定。

投资锦言

毋庸置疑，优秀基金不一定完全满足上述4个标准，但必须在其中一个方面表现突出而其他表现也要不错。

如何读懂基金宣传单

每新发一只基金里，基金公司及相关银行总会大肆宣传，媒体广告、宣传单，花花绿绿，很是吸引眼球。面对上百只基金，几十家基金公司和一堆基金宣传单，到底买哪家的哪个产品好呢？其实，尽管宣传单的形式和内容各不相同，但有几个基本资料却是必须披露的，这也是投资者每次看宣传单时要重点了解的内容。

1. 基金的投资标的和投资目标

基金的投资标的是判断基金种类的主要依据：该基金投资股票就是股票型基金，投资债券就是债券型基金，如果对股票与债券按一定比例投资就是配置型基金（也称平衡型基金），投资货币市场工具的是货币市场基金。预期报酬与风险高低依序是股票型基金、平衡型基金、债券型基金、货币市场基金。

2. 基金经理人

基金投资标的的涨跌要透过基金经理人的操作来转变为基金的收益，基金经理人的投资资历、投资理念及操作的稳定性都会影响基金的绩效。投资者可以在宣传单上看到基金经理人简介，如果还需要更加详细的背景资料，可以到基金公司网站或专业基金评论网站上去查询基金经理人的基本数据与资历，特别是可以多了解一下基金经理人的风格和过往业绩。

3. 看懂风险系数

基金的收益再高，如果风险特别大，投资也是得不偿失的，所以风险系数也是与基金业绩休戚相关的重要因素之一。

风险系数是评估基金风险的指标，在基金中它通常以标准差、贝塔系数与夏普指数三个指标来衡量。投资新手只要掌握以下原则就好：标准差越小，波动风险越小；贝塔系数小于 1，风险较小；夏普指数越高越好。

4. 投资策略

基金投资策略是指基金经理进行投资时所运用的一些具体的操作方法，它是影响基金业绩的最重要因素之一，也是投资者最容易判断的因素，所以最需要投资者重视。

5. 看懂基金表现走势图

有些老基金的宣传单上还会有“基金与大盘走势比较图”。“基金与大盘走势比较图”的意义在于让投资者检视该基金的长期绩效是否打败大盘，所以此图应该是以基金成立日为基准的完整图表。如果只有短暂期间的绩效表现，可能表示基金公司选择了最有利的一段期间。

另外，你还可以比较该基金走势的波动幅度，如果该基金的高低点都比大盘来得剧烈，则表示该基金的波动比大盘大，风险也相对较大。另外，其实有的基金并不适合与大盘做比较，这里面有一个选择合适的业绩基准的问题。比如，有很多基金都会投资一部分债券，这样的话，在选择业绩基准时，完全用大盘指数就不合适，比较出来的相对表现也有一定的误导。

6. 费用

选择基金，费用也是一个相当重要的因素。通过对基金交易费用、托管费用等的分析，可以判定投资这只基金是否方便购买和赎回。

投资锦言

基金的宣传品在本质上是一种广告，所以不能盲目地相信宣传品本身，作为个人投资者，你应该从多个途径去了解所要购买的基金品种，避免被一些宣传品的夸大宣传蒙蔽眼睛，从而丧失理性，导致投资失误。

选基金，首选基金公司

投资者在挑选基金时，首先需要选一个值得信赖的基金管理公司。基金管理公司的基础是否牢固，内部的管理制度是否完善，特别是基金经理的投资经验和业务素质、管理方法及资历，都足以影响基金业绩的表现。因此，投资者在挑选基金管理公司时要注意以下问题：

1. 基金公司管理和运作是否规范

规范的管理和运作是基金资产安全的基本保证，也是基金公司必须具备的基本要素。基金公司的治理结构应该规范合理，股权结构应该适度分散，应该设立独立董事，独立董事应具有关于基金公司资产管理方面的发言权。基金公司旗下基金应该及时、全面、准确地披露其管理、运作、业绩、持仓情况等重要信息，包括是否投资自己旗下的基金产品、基金经理人是否变更等重大事项，尤其应该及时公开发布信息。

2. 基金公司历年来的经营业绩是否优良

基金投资有一套完善的管理制度及注重集体管理的基金公司，其决策程序往往较一致，行动起来也比较有针对性。投资者参考他们以往的业绩来选择，较为可靠。由于基金公司的历史长短不同、具体基金成立的时间不同，一般来说，应该比较同一时间段不同基金公司不同产品的表现，可以参考基金评级和评奖情况。最佳的基金公司基本上每年都经营出色，或者胜过条件相同的竞争者。

3. 基金公司的服务是否质量优良

可以评价的标准有：基金公司自己的网站能否随时打开、基金公司的咨询电话能否随时接通、基金公司旗下各基金的每日净值是否随时公布、基金公司是否可以每天发电子邮件给投资者告知基金净值和其他信息等。

4. 基金公司的责任心如何

可以参考的标准有：基金公司是否对旗下规模扩大的基金及时停止申购、基金公司是否及时披露旗下基金运作思路的变更情况、基金公司是否对旗下基金经理人员及时进行评价等。

5. 基金公司的各项费用是否低廉

应考虑的因素主要包括认购费率、申购费率、赎回费率、转换费率、管理费率等。

除了以上需要考虑的因素外，基金经理的投资哲学也不可忽视。

投资锦言

基金公司的管理水平已经开始分化，基金公司旗下不同基金的业绩也已开始分化，各个基金公司和各个具体的基金产品在不同的投资方向上各有所长，因此，不少投资者将自己的资金投入多家基金公司的不同产品中，是可以理解的。但是，基金投资者最好不要把自己的资金交给5家以上的基金公司去管理。毕竟很多基金公司在基金产品的投资理念、投资对象方面有非常相近之处，过于分散投资，反而使得投资重复，起不到分散投资风险的作用。

选基金，也要选基金经理

在电影《泰坦尼克号》中，由于船长一时误判，最后导致船毁人亡的悲剧。如果基金像一艘巨轮，基金经理便是那位决定航行方向的船长。基金经理的决策关系着基金绩效的优劣、投资大众的盈亏，而规模较大的基金，甚至可能影响整个市场。

正因为基金经理对基金操作的成败起着至关重要的作用，所以投资者在挑选基金经理时要多费点神。不仅基金经理在挑选股票时需要有点“技术含量”，投资者在挑选基金经理时也要有点技术才行：

1. 看基金经理的基本面研究功夫

基金公司应该以基本面为最主要的投资操作依据，所以基金经理的基本面研究功夫是否扎实是非常重要的。通常基金经理至少担任过3年的研究员，其间若负责过1~3种主要的产业就更好了，这样视野会比较宽广，选股上才不会有太大的偏颇。另外，勤于拜访上市公司也是很重要的，基金经理若是只靠研究员的书面报告买股票，毕竟是隔了一层，对被投资者有些直观的感觉还是很重要的，著名的基金经理彼得·林奇就是勤于拜访上市公司的最佳范例。

2. 看基金经理的市场经验

基金管理公司有两种描述他们的基金经理的方法。有时候是描述一个团队，有时候是描述个人。以团队的情况为例，整个团队的首领是非常重要的。你应该查看他是否有投资于多头和空头市场的经验。一个只经历过多头时期的基金经理，可能会对市场过于乐观，而采取过度积极的投资策略；相反，一个只经历过空头时期的基金经理，却可能因为对市场悲观而采取过度保守的策略。因此，唯有亲身经历过由盛而衰，再由衰而盛的过程，才能算是一个具有充分经验的基金经理。

3. 看基金经理的道德操守

基金经理所掌管的资金，动辄数十亿元，其道德操守自然是相当重要的，但是外人较不容易观察到此项标准。投资者在考虑道德操守这项标准时，不妨从专业的单位信托追踪公司给予基金经理的奖项着手，这些公司中有专家从多方面检视一只单位信托的表现，以此来确定这个基金经理是否值得给予奖项。如果一个基金经理连续获得奖项，就意味着他的同行认同他是最好的。你可以将这一点作为参考。

4. 看基金经理的风格

这是最重要的一点。你必须确定你将要把钱交给一个与你持有相似理财目标的基金经理。例如，如果你是个保守型投资者，只想要一份没有太多波动，并有稳定回报的投资，那么你会和一个对于投资更考虑“价值”的基金经理合作愉快。这些基金经理非常仔细地研究公司的基础，并且只有在股票价值很好的时候才会购买。

如果你是个追求“增长”的投资者，你愿意为了高回报承担高风险，那么你应该选择一个同样追求“增长”的基金经理。他们投资的时候多会考虑科技和增长性。基金可能会因此更加波动，并带来更高的回报或损失。

5. 看基金经理的决策能力

基金经理在每一个决策关头要有主见，如果迟疑不前，极可能平白丧失了大好时机。此外，基金经理对其本身情绪管理、压力舒解方法的培养也是同样必要的。一个无法承受市场动荡压力的基金经理，不但会影响其投资决策的正确性，更可能伤及自己的健康。

投资锦言

业绩好的基金，大都是基金经理能够顶住屡次调整坚定持有看好的股票，从而获得了超额收益。因此，挑选基金，首先要挑选基金经理。并不是说必须找每年都业绩靠前的基金经理，关键要看该基金经理的投资风格是什么。

2021年的基金市场，那些能够波段操作，高点卖出低点买进的基金经理，较容易获得出色的投资回报。从这个角度出发，选到基金“黑马”的概率会大一些。

如何面对基金经理的更换

中国基金业快速成长的过程中，投资者偶尔会碰到所持有基金更换基金经理的情况。今后随着证券市场上基金数量的不断增加，基金更换基金经理更会时常发生。一旦出现这样的情况，投资者应采取什么样的策略呢?

倘若投资者购买基金后，原来的基金经理离职了，切勿匆忙卖出所持有的基金。投资者应该清楚，不同类型的基金受基金经理变动的影响程度是不同的。以下一些基金，更换其管理对自身影响不大。

1. 指数基金

指数基金的基金经理不主动挑选股票，他们只是模拟某一基准指数的股票构成。所以，指数基金基金经理的变换没有积极管理型的基金大。

2. 一流基金公司旗下的基金

一流基金公司拥有许多有才华的基金经理和优秀的投资研究团队。即使个别基金经理离开，立即有其他的基金经理填补空缺，所以基金经理的变动对业绩没有太大的影响。

3. 超短期债券基金

管理一只超短期债券基金就是几个基本点（一个基本点表示万分之一的利率）的管理。超短期债券基金没有多大升值空间。超短期债券基金中的好与坏在回报率上没有什么差别。

4. 管理小组型基金

如果管理小组型基金确实是采取民主的方式进行投资决策的，基金经理的变动对管理小组型基金的影响通常比单人管理的基金小。

如果投资者手中持有以上类型的基金，就不要忙于赎回持有的基金份额，也不要太在意基金经理的离职。

如果投资者手中持有的是非指数型基金、股票型基金等，应观察一下基金经理更换后基金的投资组合和业绩是否也发生了变化，这也是很重要的。

如果投资者认为基金经理的变动会影响该基金的绩效，可以考虑赎回基金。

投资锦言

明星基金经理离职时，投资人并非一定要赎回或在二级市场出售基金，不同的情况应不同对待。

评价基金业绩的几个常见指标

正确评价基金的业绩也是做好基金投资的准备工作之一。投资基金就是挑选基金，而选基金就要选业绩表现好的基金，没有人喜欢做赔本的买卖。通常参照以下几个指标可以评判基金的业绩表现：

1. 净资产总值

基金总资产是依照基金投资组合中的现金、股票、债券及其他有价证券的实际总价值来计算的。一般以证券交易所公布的当天收盘价为计算标准，所以是每日变动的。如果基金的净资产总值处于增长状态，就说明某只基金表现较好，可以投资，相反，则说明投资的风险很大。其计算方法为：

净资产总值=总资产–总负债

即以基金总资产价值扣除总负债，并且在遇到基金发放利息和股利时，总资产价值还必须扣除应发放的利息和股利之和。而基金的负债主要是基金从银行间同业拆借市场借入的资金、支付给基金管理公司的管理费以及托管机构的托管费等必要开支。

基金净资产总值的增长来源于三个方面：投资收益（利息、股利收入和资本增值）、基金吸纳金额的增加和费用的减少，其中最主要的是投资收益，如果基金经营状况良好，投资收益较高，便会吸引更多的投资者投资该基金，使基金的净资产总值的增长高于平均水平。

2. 单位净值变化

单位净值（NAV）是每份基金单位用人民币衡量的价值。它是用当前基金的净值除以基金份额得到的。当一只基金所持有的证券市值增加时，其单位净值相应增加。所以，单位净值的变化可以反映出一只基金的运作状况，成为评价基金业绩表现的一个指标。

$$\frac{\text{基金净值}}{\text{基金份额}}=\text{单位净值}$$

例如，某基金净值为人民币 1.5 亿元，份额为 5000 万份，单位净值为 3 万。

3. 投资报酬率

投资报酬率是投资者在持有基金的一段时间内，基金净资产价值的增长率。投资报酬率虽然不是评估基金的专用指标，但因其直截了当，成为人们普遍接受的指标。对投资者来说，投资报酬率越高说明基金的表现越好，投资者所获的投资收益也就越多。其计算方法如下：

$$\text{投资报酬率}=\frac{\text{期末净资产总值}-\text{期初净资产总值}}{\text{期初净资产总值}}\times 100\%$$

通过上述公式，投资者很容易计算出持有基金期间基金的投资报酬率。

对于开放式基金的投资者来说，如果其投资基金所得的利息和股息不提出来，而是投入基金进行再投资，则计算投资报酬率时还需加入以下两个因素，即：

$$\text{投资报酬率}=\frac{\text{期末净资产总值}-\text{期初净资产总值}+\text{利息}+\text{股利}}{\text{期初净资产总值}}100\%$$

4. 基金回报率

基金回报并非单指基金收入、股息派发和基金增值等，还包括投资后的一段时间内产生的盈余和亏损的变化，如购费和赎回费等投资所付出的费用和实际投资损失都应当计算在内，简单表示为：

基金总回报＝基金的本金投资＋基金增值或基金亏损

对投资者而言，计算总回报时将一段时间内发生的基金增值，股息、投资损失及投资费用全部记录下来比较烦琐，因此基金回报率的简便公式为：

$$基金回报率=\frac{期末持有基金份数\times期末V_n-期初持有基金份数\times期初V_n}{期初持有基金份数\times期初V_n}$$

其中，V_n 表示净资产值，是 Net Asset Value 的缩写。

与计算投资报酬率不同的是，它将基金持有量的变化因素也考虑在内，因为投资者可以将这期间所获得的股利或股息再用来购买基金，所以可以更加准确地从另一角度来反映基金的业绩情况。

5. 净资产价格比

净资产价格比反映的是在某一时点基金的净资产与价格的比值，该比值越大，说明基金的价格偏低，值得投资，可用于从几个基金中进行选择，尤其是在分红派息日前更具可比性。其计算公式为：

$$净资产价格比=\frac{单位基金的净资产}{单位基金的市场价格}$$

6. 收益价格比

收益价格比是以基金过去的业绩（单位基金收益）来估算，比较不同基金的价值。收益价格比是考虑将来收益的比较，是动态的，与净资产价格比这一静态比较方法一样，比率越大，说明基金的业绩越好。公式为：

$$收益价格比=\frac{单位基金净值\times(过去平均净值收益率+1)}{基金单位市价}$$

其中，过去平均净值收益率可以根据投资者偏好来决定，如三年平均，四个季度平均或牛市、熊市平均等，但不同基金进行比较时应采用相同标准和时期。

7. 夏普比率

夏普比率又称为夏普指数，由诺贝尔奖获得者威廉·夏普于 1966 年最早提出，目前已成为国际上衡量基金绩效表现的最为常用的一个标准化指标。

夏普比率的计算非常简单，用基金净值增长率的平均值减无风险利率再除以基金净值增长率的标准差就可以得到基金的夏普比率。用公式表示为：

$$夏普比率=\frac{基金净值增长率平均值-无风险利率}{基金净值增长率的标准差}$$

夏普比率的优点在于可以同时对收益与风险加以综合考虑，因为基金净值的增长是在承受较高风险的情况下取得的，因此，仅仅根据净值增长率来评价基金的业绩表现并不全面。如果夏普比率为正值，说明在衡量期内基金的净值增长率平均值超过了无风险利率，在以同期银行存款利率作为无风险利率的情况下，说明投资基金比银行存款要好。夏普比率越大，说明基金单位风险所获得的回报越高。

在运用夏普比率衡量我国基金的绩效时，国际上一般取 36 个月度的净值增长率和 3 个月期的短期国债利率作计算夏普比率，但由于我国证券投资基金每周只公布一次净值，而且发展历史较短，通常以 4 周为一个月的最近 12 个月的月度净值增长率作为计算的基础，在无风险利率的选取上，采用了上交所 28 天国债回购利率。

投资锦言

评价基金的业绩也需要掌握一定的方法和标准，不能跟着感觉走，否则容易落个梦醒之后一场空，一无所有的下场。

如何进行基金的业绩比较

在基金投资中，投资者最关注的莫过于基金的“业绩”，常常听到基民们会抱怨“我买的基金怎么是一只‘瘟鸡’，× × 基金都涨了一毛钱了，它才涨了五分……”也有投资者只盯着排行榜上近期表现最好的基金，“× × 基金最近一个月涨幅第一，赶紧买啊……”其实，他们都陷入了基金比较中的误区，用短期业绩代替了全面的业绩或者把不同类的基金拿来比较，业绩暂时相对落后的基金因此背了“黑锅”。

那么，如何正确比较基金的业绩呢?

1. 一定是同类型基金之间比较才有意义

如果把股票型基金和保守配置型基金进行比较，就如同拿苹果和橘子比，当然没有可比性。现在一般的基金业绩排行榜都会有很明确的基金分类，尽可能地消除由于类型差异而对基金经理相对业绩所造成的不利影响，但投资者在头脑中还是要有分类比较的概念。另外，对于刚刚成立的基金，一般的业绩排行榜会参照招募说明书暂时对该基金做分类。这个时候投资者对于老基金和新基金的比较就要谨慎。

2. 看业绩一定要看长期，不要看短期

过去一周、过去一个月的基金业绩可以说明一些问题，但要了解这只基金全面的“脾气禀性”还要看长期，至少要关注三个月、最好是半年以上的业绩表现，才能比较客观地判断这只基金的管理人的水平。

3. 要关注不同时间段基金业绩是否平稳

一般投资者都希望所投资的基金业绩长期平稳增长，而不是像坐“过山车”一样，一会儿涨上去，一会儿跌下来。一般的基金业绩排行榜，纵轴是不同的基金，横轴是过去一周、过去一个月、过去三个月、过去六个月、过去一年等不同阶段的基金排名情况。如果一只基金在各个阶段业绩表现都名列同类型基金前茅，基本可以判断这只基金长期业绩平稳而且优异。

4. 既要看到回报，又要关注风险

风险评价指标有很多，最常用的一个是波动幅度（标准差），通过这个指标投资者可以判断某只基金的回报是否平稳；另一个指标是下行风险，如晨星风险系数，该系数越高，说明与同类基金相比，该基金的下行风险也即亏损的概率越高。如果波动幅度大，同时下行风险也大，那么基金的风险就高。如果波动幅度大，但是下行风险低，那么这样的基金可能就是赚钱的。

投资锦言

基金的业绩比较基准，是近几年才为部分投资者所了解的名词。比较基准是用来评价投资组合回报的指标。如果投资者买的基金是以上证A股指数作为比较基准，投资运作一段时间后，我们将基金实际回报和上证A指的回报作比较，可以评估基金管理人的表现。如果基金发生了亏损，但是上证A指下跌得更厉害，基金经理就可以宣布自己做得比市场好；如果基金赚了钱，但没有上证A指涨得多，基金经理反而要检讨自己的投资水平。

对于投资者来说，投资的目的是赚钱，是获得正的收益，而不是比基准少亏损一点。这样，投资领域就出现了绝对收益的概念。相应的，基金的比较基准也出现了价值增长线、定期存款收益率等绝对为正或呈现正增长的种类。目前，国内的几只保本基金和使用了绝对回报概念的基金，其比较基准就是定期存款收益率。

如何看年报选基金

每年三四月，是基金公开披露年度财务报告的时候。基金年报是对过往一年的回顾，涵盖了管理人报告、基金财务状况、基金的投资组合等内容。面对年报，投资者不妨关注以下几个方面。

1. 基金业绩

当前国内基金的年报中，主要财务指标披露了基金的净收益、可供分配收益、资产净值、净值增长率等业绩数据，并与上一期间的数据进行比较。

其中，净值表现还与相应的业绩基准进行比较，并从不同期限长短来体现，如3个月、6个月、1年、3年和5年。该业绩基准一般是基金产品设计所定位的基准，可能是某个市场指数或几个市场指数的复合。投资人在分析的时候，还可将基金的业绩表现与同类型基金进行对比。

如果基金资产净值相较于前期发生的变化巨大，投资人也应当关注，毕竟资产规模过大会对基金的投资策略、风格以及业绩有所影响，许多小规模开放式基金就是通过营销策略变身为大规模基金的。

可供分配收益对于封闭式基金投资人而言，为了解基金当年度收益分配状况提供了重要信息。投资人应当密切关注之后的相关分红公告。

2. 基金经理报告

基金经理报告体现了基金经理对投资者的尊重，是基金经理与广大投资者分享其投资理念、投资决策等的陈述，也是投资者判断基金投资风格与自身投资需求的契合度的重要依据。好的基金经理报告不仅会详尽讨论行业分布和个股选择的原因，还会解释影响基金业绩的有利条件与阻碍。在业绩不尽如人意时，该报告不应该对错误投资决策有所回避，而应向投资者阐述原因，让投资者了解个中缘由。

基金经理报告中也会有对下一年度的展望，从中可大体窥见基金经理未来一年的策略和思路。在市场变化较快的背景下，如果投资人希望对基金的投资策略有更紧密的跟踪，不妨在此基础上仔细阅读未来每一季度报告中的展望部分，以及基金经理通过网站、报纸等形式所提供的交流信息。

3. 财务会计报告

基金的财务会计报告包括资产负债表、经营业绩表和净值变动表。投资者应留意基金经营业绩表中费用项目下的基金管理人报酬、基金托管费等基金费用支出。

在财务会计报告附注中，投资者可了解重大关联方关系及关联交易，以及流通受限不能自由转让的基金资产等。

4. 基金投资组合

通过阅读基金年报，投资者可了解哪些投资组合资产品种产生了收益，哪些投资组合资产品种产生了亏损，被调出资产品种和被调入资产品种之间有哪些不同点和共同点。通过对基金组合资产品种的分析、对比和了解，有利于投资者预测未来的投资风险。

5. 基金持有人结构变化

通过阅读年报，可了解基金持有人的结构变化，基金申购、赎回、转换的频度，为投资者提供重要的投资参考。了解“基金前十名持有人”，有助于投资者进一步分析上述基金持有人类别和他们的投资目的，对持有人结构的稳定性有一个大致的了解。

6. 重要事项提示

提示一年来基金发生的大事。值得投资者关注的内容包括：基金管理人管理费是否降低、基金公司在过去年度有无司法诉讼、基金公司有没有发生重大的人事变动、基金公司修改其投资方向的决定等。

除了年报外，还有中报以及季度报告。投资者可以从报纸、基金公司网站上获取这些资料，从而更多地了解基金的投资动态，并借助第三方机构的信息，考察基金与同类基金的业绩比较、风险、费用水平，以及风险调整后的收益等因素。

投资锦言

相对于日常的基金信息披露，基金年报揭示的信息将更加全面，更加权威，对基金产品的投资更有参考价值。现实情况是，基金年报却不被投资者广泛重视。其实，投资者只要重视基金年报，并掌握阅读基金年报的科学方法，就会对基金产品有更加细致的了解。

选择购买基金的渠道

选好中意的基金产品后，就要真正购买了。投资者可以自由选择银行、基金公司和其他各类证券公司、投资公司等代理机构三条购买渠道。

1. 通过银行柜台和网上银行购买基金

商业银行是目前国际上基金销售的重要渠道，各大商业银行都会代理发行多种基金产品，它们依托散户客源广泛和网点众多的优势，成为大众购买基金的一大中心。对投资者来说，商业银行最大的优点在于它服务网点多，存取款方便，非常贴近投资者。而且，通过银行购买基金，可面对面地和柜台人员交流，得到帮助和建议。

在银行买卖基金有如下缺点：

（1）需要亲临网点，并且要在工作日规定的时间办理。

（2）银行代销的基金种类有限，不同银行代销的基金种类也不同。投资者如果要购买多只基金，很难在一家银行办妥。

（3）银行通常不代销一家基金公司旗下的所有基金，这就给日后需要的基金转换等业务带来麻烦。

（4）银行基本上都是销售新基金，而且排档期，经常变换。

（5）在银行购买基金无法享受到费率的优惠和方便快捷的数据查询服务。

2. 通过基金公司直销中心买基金

如果基金管理公司本身的实力较强，具有足够的市场营销能力和一定的知名度，基金公司会设立直接对客户服务的基金营销部门。

基金公司直销分为两种：柜台直销和网上直销。柜台直销是传统的销售渠道，以服务 VIP 客户为主，有专业的服务人员提供咨询服务，还可以获得费用上的折扣。网上直销是新兴的交易渠道，大部分基金公司均已开设网上直销服务。网上直销主要有如下优缺点。

优点：

（1）网上直销只需要一张银行卡即可，不受地区限制，而且提供 24 小时全天候服务，非常方便。大多数开通网上基金交易的基金公司会有使用指定银行的银行卡账号开户和使用兴业银行银行卡的银联通业务开户两种支付方式。使用基金公司指定银行的银行卡交易认 / 申购基金，无须支付转账费用，但通过兴业银行卡认 / 申购基金则需要支付一定的转账费用。

（2）由于不经过代销渠道这一环节，赎回基金后资金可以更快到账。

（3）基金公司网上直销费率优惠，多数申购费可以打 4 折，且 24 小时可操作，还可进行基金转换。

缺点：

（1）不同基金公司要求的结算卡不同，所以，如果购买多只基金，往往需要为该基金组合办理不同的银行卡。

（2）需要在每家基金公司的网站上开户、交易，购买的基金比较多且涉及多家基金公司时，相对证券公司的交易系统，基金公司直销操作有点费时。

（3）并非所有基金公司都开通了网上直销业务，也有一些基金公司直销中心没有费率优惠。

（4）需要支付银联转账费用，现行的标准如下：5000元以下，每笔2元；5000~50000元，每笔3元；50000~100000元，每笔5元；100000元以上，每笔8元。

3. 通过各类证券公司、投资公司等基金代理机构买基金

证券公司、投资公司等各类代理机构大多从事证券相关行业，分布范围较广，为投资者提供证券买卖等中介服务，基金管理公司可以通过它们的网络以柜台交易的方式销售或赎回基金，代理机构可以从中赚取佣金。

通过以上代理机构网络购买基金有如下优点：

（1）专业化的投资理财服务。基金是在证券市场上进行操作的，而证券公司对证券行情的把握及基金产品的选择最具专业性，能给投资者更合理的建议。

（2）代销基金种类较多，而且方便快捷。大的证券公司代销的基金品种较多，有点像基金的“超级市场”。而且证券公司一般与基金公司都有实时联网的交易通道，保证了开市期间随到随买，免去预约、排队之苦。更重要的是申购、赎回周期短，便于基民的资金周转，提高资金使用效率。

（3）对于拥有股票账户的投资者来说，可通过在证券公司的证券交易账户和资金账户进行基金投资，这里的品种多，尤其大型券商如银河、华夏、国泰等证券公司几乎代销所有品种的基金，像个“基金超市”，无须另外开设专门账户。

（4）开户临柜一次，电话、网上、柜台委托三种下单方式任意选择，十分方便。

投资锦言

基金的交易原则是在哪里买在哪里赎回，而且日后如要进行基金转换等操作，也需要通过当时的交易渠道办理。如果投资者中途要变更交易渠道，则需办理转托手续，容易造成不必要的麻烦。因此，投资者在投资前应充分

考虑，从便利性、费用、可获得的服务三个方面来对比，选择一条适合自己的渠道尤为重要。

规模大的基金未必好

很多基金管理公司喜欢炫耀其旗下的资产规模，以使自己显得更为优秀和强大。不少投资者也倾向于投资这类规模庞大的基金，市场上也确实存在大量的普通投资者盯准了百亿基金下单。他们认为，“既然它这么受欢迎，那么它肯定是好的”。

其实这种看法是错误的，根据市场经验，基金规模大，收益未必高。

超大基金较之中小基金收益差，主要有以下几个原因：

1. 运作难度较大，仓位难以及时调整

在实际操作中，百亿基金存在体型太大、掉头难的问题。比如买入中小盘股，有时候连规模小于百分之一的买入也很难实现。因为买入的资金即使占基金总额的比例很小，对于小盘股也可能造成巨大的买盘。百亿基金不仅存在买入难的问题，而且当出现下降趋势时又存在卖出难的问题。

超大基金不仅存在买入难卖出难的问题，一般来说，基金公司旗下的基金中如果有大基金，通常其调仓都是在小基金调仓之后进行，灵活性明显不如小基金。

2. 获取超额收益能力差

因为大基金通常只能在流通性好的大盘股进行配置，从历史经验看，超越大盘获得超额收益的难度相对要较规模适中的基金大。

买规模太大的基金不好，那是不是意味着买小规模的基金就好呢？其实不然。基金规模太小，某些个股可能会出现过度配置的现象，业绩波动性加大。更具风险的是，清盘阴云会笼罩在小基金的上空。

根据海外经验与目前国内的实际情况，50 亿元上下规模适中的基金较好。

投资锦言

基金规模大，一般说明该基金运作良好，收益不错，投资者对该基金信任，但不能完全凭基金规模判断，以为越大越好。

不怕贵的，只选对的

基金净值的高低一直是基民们比较关注的问题，因为净值是基金业绩的主要表现，它会影响投资者最终的收益情况。通常人们都偏向于购买净值较低的基金，以为这样的基金升值的空间比较大，会有更好的收入，但事实并非如此，净值理论上是可以无限上涨的，低净值基金未必一定会上涨，高净值基金也未必不会再上涨，与恐惧高净值相反，投资者应当购买高净值的基金。

有的人认为基金的净值较高，同样的投入买到的基金份额较少，所以即使有收益也会较少。其实，这是一种不正确的想法。比如投资者总共投入1万元钱，就会拥有5000份2元的基金份额，或者拥有1万份1元的基金份额，假如每份同样增长1%，两者的收益依然相同，另外，高净值基金的涨幅往往高于低净值基金，盈利多少取决于净值的增长率，而不是基金的份额，因为无论份额多少，投入的本金只有1万元，在增长率相同的情况下持有净值不同的基金的收益是一样的。

基金净值的高低还能体现出一个基金公司的管理水平。投资者购买基金，本质上是将自己的资金交给基金公司去管理，那么，选择一个好的基金经理是大家共同的心愿。假如在某个期限里，所有基金都没有分红，在这种条件下，净值高的基金代表着基金经理的管理水平高，为投资者创造的收益多。因此，投资者应该选择净值高的基金。也有可能净值高的基金在分红之后成为净值低的基金，在这种条件下，投资者应该以基金的绩效排名统计数据作为参考依据来选择基金，排名靠前且比较稳定的基金应该成为投资者选择的主要对象。而且由于各只基金成立的时间先后不一样，分红与不分红、多分红与少分红、分红的时间等均有很大差异，单纯看基金的净值可能不够准确。尤其是积极分红的基金可能会与净值低的基金被混淆在一起，这种情况下，查看基金的净值增长率，查看基金的净值增长率排名，可以作为重要的参考。

很多投资者之所以不想买高净值的基金，是因为他们将对股票的理解错误地用到了对基金的判断上来。基金公司的操作实际上是在低价位的时候买入一只股票，当股票涨到一定程度的时候，股票的风险增加，基金公司就卖出，风险也就跟着卖出了，资产从股票变成了现金，净值没有降低。卖出以后，基金的风险就没有了，因为手上全部是现金，不会有风险。这时候再买入低风险的股票，再等着涨，风险高了，再卖出。结果总资产在增加，净值也在增加，但风险并不累计。所以基金的风险是基金手上的那些股票的风险，股票越多风险越大，和基金净值的高低没有关系。基金净值越高，越值得购买，净值越高，说明基金手中的股票值钱，基金经理非常有眼光，基金经理选择了投资而不是投机。相反，同期发行的基金，如果净值低，说明基金经理较之净值高的基金经理能力差，因此，推荐投资者购买净值高的基金。

投资锦言

投资者在购买基金时，重在选好的基金公司、选择与自己风险承受能力匹配的基金，而不能一味追求净值低的基金。简单来说，就是“只选对的，不怕贵的”。买基金是为了获得投资收益，而市面上收益越好的基金在价格表现上也会越高，如果因为价格而错失投资良机，那未必不是一种损失。当然，买价格相对较高的基金也要全面考虑，不能“不求最好，但求最贵”。

选基金要辩证地看待基金排行榜

每逢年底，基金圈里的各大颁奖典礼你方唱罢我登场，各种类型的基金排行榜映入投资者眼帘。不少基民将排行榜奉若神明，各明星基金也都有自己的铁杆粉丝，甚至有投资者把排行榜的前十名基金当作 2021 年基金投资绝对风向标，全部买入，就不信自己赚不到钱。

其实，基金排行榜与学校黑板上面贴的小红旗有异曲同工之妙，它们都是对成绩的一种体现。不同的是，基金排行榜仅是对过往业绩的单方面考核，而小红旗授予的是“德智体美劳”全面发展的“三好学生”。老师在评价一个学生的时候，考查的是包括学习成绩、思想品德等在内的全方位因素，而我们也应该按照这种思路投资基金。

仔细观察基金排行榜就会发现，每只基金在榜中都只会各领风骚一段时间，没有谁是常胜将军。基金产品的业绩，特别是股票型基金，与基础市场有着非常密切的联系，如果某只产品的投资组合正好是市场的热点，那么这只基金的业绩表现就会非常突出，排名自然会在某段时间之内快速上升。如果选择了这只基金，那么当市场出现其他变化导致基金排名下降时，投资者可能就会遭受损失。因此，对待基金排行要坚持三个原则辩证地看待：

第一个原则是看整体表现。单个基金业绩的涨跌有很多偶然因素，而只要其中一个因素发生重大变化，不可避免地导致业绩起伏。但一家基金管理公司所有的基金表现出较强的协同性和一致性，就说明这家公司整体的投资研究水平较高，管理机制和决策流程相对更加完善，其业绩具备可复制性。

第二个原则是看长期表现。时间越长、越靠前，越说明投资实力。一只基金在 3 年或 5 年内始终维持高收益、低风险，这才算得上是真正的好基金。最早的国内基金业绩排名只有一年期一个级别，目前这方面正在逐步改进。

第三个原则是看风险调整后的基金收益水平。国内有一些排名靠前的基金，其风险指标也很高，如果按风险调整后的收益来比较，排名就会下降。对投资者来说，高收益、低风险是最好的选择。有时候，风险控制的重要程度也许比获得高收益更加重要。因此，风险调整后的收益是投资者更应重视的指标。

由于各只基金的证券投资比例、业绩比较基准都不一样，目前的基金业绩评价体系虽然也有分类，但依然无法体现所有基金产品的细微差别。因此，对普通投资者而言，基金业绩排名只是一种参考，而不应当是唯一的标准。基金公司的诚信、投研实力甚至是基金公司核心投资者是否稳定等，也都是很重要的参考指标。

投资锦言

投资者在使用排行榜时，要考虑一个非常重要的因素——排行榜分类。利用排行榜分类来确定自己要选择哪一类型的基金，然后在同种类型的基金中寻找。

基金评级在分类时是以基金的实际投资组合为准的，但是对于刚刚成立的基金，基金评级可能没有其投资组合，而只有招募说明书，那么基金评级就会参照招募说明书暂时对基金做分类。这个时候投资者就要分辨这只基金是新基金还是老基金。办法非常简单，如果投资者看不到该只基金的中长期回报率，那么它就是一只新基金。

专家建议投资者通过排行榜选好基金后，如果有条件，还应研究一下最近季度基金的前十大重仓股情况及组合后市潜力情况，尤其是目前在股权分置改革时期，许多股票可能停牌，可以研究一下目前组合是否存在低估等。

选择新基金还是老基金

基金投资中的所谓“新基金”是指处于认购期的基金。所谓“老基金”是指处于申购期的基金。那么在新老基金的选择上，投资者应如何取舍，哪种基金更合算呢?

俗话说有比较才会有鉴别，我们首先从以下方面来对新老基金做一番比较:

1. 投资品种选择

新基金因为刚刚成立，正所谓一张白纸可以画最新最美的图画。基金经理可以根据市场的最新走势和最新涌现的投资热点，选择投资品种，选择其资产配置。而老基金因为仓位较重，基金经理即使看到了新的投资机会，也必须先卖出原来的持股才能配置新品种，在战机把握的灵活性方面稍逊于新基金。

2. 建仓成本

新基金刚成立必须买股票，而买入股票就要支付佣金和印花税等手续费以及承担一定的价格冲击成本，这在一定程度上会冲抵基金未来可能的收益。老基金则可以“先下手为强”，抢占了介入时间的先机，所以不论是股价成本还是佣金成本，都将低于新基金。

3. 认购费用及价格

各基金公司为顺利推销新基金，通常对于认购新基金的投资者给予一定的认购费用的优惠。老基金通常无此待遇。在价格上，老基金由于已经发行了一段时间，其净值可能较高，购买的价格也会高些。但是价格高反而说明其过往的经营业绩较好，可能带来更好的收益，而价格低并不能说明增值就容易。所以，认为基金的价格越低越好是错误的，这也是很多人选择买新基金的一种错误想法。

4. 系统性风险的控制

风险也是基金必须考虑的内容，当市场正处于下跌时，新基金可以减缓建仓节奏，以规避短期市场下跌的风险。新成立的基金跌幅普遍较老基金小，就是这个道理。反之，如果市场正处于快速上升阶段，那么新基金会比较被动，投资者会发现它比老基金涨得要慢，所以会错过获利的机会。

5. 基金经理

基金未来的业绩如何，和基金经理的投资能力密切相关。老基金通常已经运作了一段时间，投资者对基金经理的投资风格和能力有一定感性认识，对其未来的投资业绩的预测把握相对大一些。而新基金经理由于新面孔居多，所以，押注其盈利能力仍须冒一定风险。不过也有的新基金为了成功发行，推出“老”基金经理来管理新基金，投资者可以通过研究该基金经理所管理过的其他基金的业绩，较清晰地判断出新基金未来的可能表现。所以老基金的经理老，但新基金的经理未必就“新”，基金经理和基金没有必然的联系。

从上述比较中可以看出，很难判断新基金好还是老基金好，各有优劣，在不同的情况下应该有不同的选择。

投资锦言

投资者选择基金时，最重要的考虑因素还是基金经理的信誉和投资管理水平以及个人承受风险能力，而不是基金的新与老。不过在某些情况下选择新老基金还是有一定原则的，通常熊市买新基金，牛市买老基金。在熊市中新基金有1~3个月的建仓期，建仓成本低，未来业绩表现可能会较好，同时也可以延长建仓期观望选择更好的投资方向。而在牛市中，老基金能够最大限度分享股市上涨的成果，而新基金由于需要一个募集期和建仓期，需要耗时至少半个月，所以略显逊色。

投资者也可以采用新老结合的方式购买开放式基金。股市上涨到一定程度时，为了减少风险可以适当买一些新基金，而股市下跌时，可以多买一些业绩好的老基金；基金净值较高时可以少买一些，基金净值较低时可以多买一些，这种新老搭配、多少结合的方式更有利于分散风险，增加收益。

频繁分红的基金就一定好吗？

分红是投资者投资基金收益的重要组成部分，一般基金每年都会有分红，但是也有的基金分红比较频繁，每年两三次甚至更多。是不是基金分红越频繁越好，是不是应该购买经常分红的基金呢？不是。分红就像一个数字游戏，好比把钱从左口袋转移到右口袋，分来的也还是投资者的钱，分红次数多并不代表最终的收益就多。

如果基金持有的股票到目标价位自然卖出，基金也会自主安排分红行为，这种分红是瓜熟蒂落后的自然行为，是管理人通过降低持仓比例和调整基金结构来达到控制风险的目的，不论是对于基金净值或是市场都不会产生太多负面影响，这是对投资者利益的最大保护。但像这样的分红一般不会很频繁，而频繁的分红大多是基金公司出于营销策略的需要，或者是一种无奈之举。从投资心理来说，投资者大多有一种“落袋为安”的传统思维模式，非常乐意收到分红，这样会有一种安全感，另外，分红以后基金的净值会降低，而投资者更乐意购买低净值的基金。在这个分红的过程中，基金管理人首先大量出售持有股票以满足分红的需要，然后在市场短期快速向上的情况下，再用新募集的资金在较高的价位快速建仓，利用投资者“落袋为安”和“购买低净值”的心理，进行基金规模的再扩大和基金的持续营销。但这对于投资者而言却不是一件好事，因为频繁分红增加了印花税和佣金，这种交易成本最终是由投资者埋单的。同时只有兑现了的收益才能用于分配，频繁分红所导致的频繁兑现也增加了抛压，不利于市场的稳定。对于个人投资者而言，对于频繁分红的基金还是要慎重，要改变自己“落袋为安”的心理。

投资锦言

对于准备购买基金的投资者而言，是否应当将基金分红当作选择基金的重要标准呢？答案当然是否定的。

其实，无论是对于准备选择操作稳健基金获得资产长期保值增值的投资者，还是准备选择操作风格激进，追求短期资产增值收益的投资者，基金是否分红根本无足轻重。对于前者，短期的市场波动不应影响自身投资决策，基金分红对自身利益影响微乎其微；对于后者，更优的选择是在基金净值出现较高涨幅时赎回而不是要求分红。

不仅如此，具有频繁分红记录而基金契约对基金不定期分红又没有相应规定的基金反而是投资者回避的对象，因为这一迹象极有可能是该基金面临较大潜在赎回压力的表现，而且频繁的不定期分红会对基金运作产生不利影响。

此外，《中华人民共和国证券投资基金法》中强制满足条件的基金定期分红的相关规定已经有力地保障了投资者获得基金分红的权益，投资者在选择基金时不应把基金是否频繁分红作为主要考虑因素。

如何避免选购基金的误区

作为投资者最怕的就是陷入投资误区，造成投资损失，然而投资本身是无法完全摆脱风险的，这种风险除了有客观的市场因素的影响外，还有投资者本人的主观因素。据调查，很多投资失误都与投资者本人的主观决策有关。

投资者容易陷入的主观误区如下：

1. 所有鸡蛋都放在同一个篮子里

“不要把所有鸡蛋放在同一个篮子里”这一成熟的理财观念已越来越为广大民众所接受，于是传统的存款一族正逐渐把目光转向股票、外汇、基金等投资品种，基金由于凭借专家理财优势而被市场青睐。但部分投资者在购买基金时只投资某一基金公司产品、某一类基金产品甚至只投资一只基金，从而承担了较大的市场风险。一位已经购买平衡基金的投资者长期坚持投资的“三三制”，即每月工资 30% 存款，30% 保险，30% 投资，而投资的主要途径就是购买各种类型的基金。如此，虽然每个基金收益不是很高，但整体风险却降低了。

2. 股票基金照样定投

现在不少基金都推出了定投业务，其实，定投业务只适合非股票类基金。股票市场具有非常明显的周期性，而且波动很大，风险较高。股票型基金主要的投向就是股票市场，其净值和股票市场的波动总体是同步的，很难有基金会反其道而行之。试想，如果在漫漫熊市中也进行股票型基金定投，“定期定额”岂不变成了“定期亏钱”了？因此，投资股票型基金，首先应该对股票市场有一个趋势上的判断，要顺势而为，在预期股市走高的情况下购买股票型基金更为妥当。

3. 购买赎回只依据短期收益

不少投资者在决定申购或者赎回基金时都是根据基金最近一段时间的表现来判断的，上个月哪只基金涨得最多就买哪只，手里的基金投资了 1 个月，如果其表现不尽如人意，就立即换基金。其实，基金的业绩具有一定的波动性，某一时期这只基金表现很好，但到了下一个时期，另一只基金的表现会更加优秀。正所谓路遥知马力，投资者应该根据一段较长时期内基金的相对业绩来判断基金的优劣，把基金的观察期放得相对长一些。

4. 盲目信任基金经理

有些投资者非常崇拜基金经理，某个基金经理以前管理的基金业绩不俗，现在跳槽去了另一家基金公司去管理另一只基金，这些投资者就紧跟基金经理的脚步，也更换门庭转换基金。基金业绩的好坏固然与基金经理的观念和智慧分不开，但与基金公司和基金团队的关系更大，没有优秀基金公司和优秀基金团队的依托，任何基金经理都将举步维艰，再好的智慧也难以发挥。

投资锦言

2020 年的基金让投资者着实赚了一把，这得益于证券市场的持续走牛，但市场火爆的同时也掩盖了一部分投资者的操作误区。2021 年基金市场出现分化，希望上文总结的几种投资者容易陷入的误区，可以提示基金投资者规避风险，增加投资盈利的概率。

[案例]买基金不必到银行排长队

最近，广东的王先生发现买基金也不用到银行排长队了，他现在找到了买基金的新途径。

王先生发现在办理一些手续之后，他就可以通过网上交易和电话交易两种方式买卖基金，解除现场排队之苦。以上两种交易方式，目前通常有“银基通”“银联通”和“机构电子直销”三种资金结算方式。其中，“银基通”和“银联通”仅适用于个人投资者，“机构电子直销”仅适用于机构投资者。

采用“银基通”，当投资者向基金公司提交基金认购（或申购）申请时，认购(或申购)款项将经投资者事先的授权由银行自动从投资者的指定银行卡中实时扣除；赎回申请被确认后，赎回资金将自动划入投资者的指定银行卡。以华安基金为例，目前，华安已开通与民生银行上海分行和兴业银行上海分行的“银基通”合作，拟办理“银基通”的投资者必须持有民生银行借记卡或兴业银行借记卡并赴指定网点签署《银基通交易协议》。

使用“银联通”结算方式的投资者，在认购(或申购)基金时，通过Chinapay的转账平台主动划拨资金；赎回申请被确认后，赎回资金将自动划入投资者的指定银行卡。拟办理“银联通”的投资者须赴指定银行网点申请办理或进行网上在线办理，目前，“银联通”适用于电话交易方式项下的基金账户密码修改、基金分红方式变更，提交基金赎回、基金转换申请，撤销基金赎回、基金转换申请业务以及网上交易方式项下的基金账户信息变更、基金账户密码修改、基金分红方式变更，提交基金认购、申购、赎回、基金转换、转托管转入申请，撤销基金申购、赎回、基金转换、转托管转入申请业务。

[案例]费先生选择基金的策略

费先生选择基金的方法其实很简单：在基金评级机构网站找到最新的评级报告，挑出连续三年评级都在四星以上的基金。“很多基金的业绩是今年好明年差，能连续三年评四星五星的基金没有几只，这样已经大大缩小了选择范围。在筛选出来的基金里，再寻找符合我的风险承受能力的基金。”费先生认为，经过2020年那样疯狂的牛市以后，今年的基金在投资股票上的获益很难达到去年的水平，所以在股票型基金卖得如火如荼时，他却选择了一只配置型基金。

经过这样的筛选，费先生最后选择的是一只追求绝对回报并承诺到点分红的基金。他当时购买这只基金时，该基金并没有进行持续营销，也没有任何费率优惠，但他认为自己的选择是明智的。这只基金的业绩增长并不太靠前，但在市场的最近两次大调整中，这只基金的跌幅都非常小。“高收益的前提是稳定，对于一只业绩稳定的基金而言，持有几年时间以后，其高回报就会显现出来。”

第5章　放开网口进大鱼——开放式基金的投资策略

开放式基金离我们越来越近了。面对这个在国际证券市场中举足轻重的投资新品，不少投资者已经做出了自己的投资决策，但也不乏一些投资者对这个新生事物不甚了解而举棋不定。

开放式基金如何运作

开放式基金的运作主要有以下几方面内容：

1. 基金发起和设立

开放式基金是由经中国证监会批准的基金管理公司发起设立的。与封闭式基金的申请设立条件不同，开放式基金的发起人只能是基金管理公司。而封闭式基金的发起人可以是证券公司、信托投资公司和基金管理公司。但是，基金管理公司如有以下情形之一的，中国证监会不受理其设立开放式基金的申请。第一，基金管理公司因有重大违法、违规行为正在受到国家有关部门的调查；第二，因基金管理公司高级管理层变动、与公司有关的诉讼、仲裁等重大事件，可能或已经对所管理的基金运作造成不良影响；第三，中国证监会认定的其他情形。

基金管理公司申请设立开放式基金，必须准备并上报如下文件：

（1）设立开放式基金的申请报告；

（2）开放式基金设计方案；

（3）开放式基金申购赎回方案；

（4）开放式基金募集方案；

（5）开放式基金营销方案和代理销售协议；

（6）开放式基金注册登记协议；

（7）开放式基金契约；

（8）开放式基金托管协议；

（9）开放式基金招募说明书；

（10）律师事务所出具的法律意见书；

（11）中国证监会要求提交的其他文件等。

2. 基金销售

开放式基金的销售是一个持续的过程，目前销售方式主要有直销和代销两种手段。直销是指基金管理公司通过自己的直销中心（理财中心）直接向投资者出售基金的基金单位；而代销是指基金管理公司通过其他拥有代销资格的机构，如银行、证券公司等，向投资者出售基金的基金单位。代销采取的是“就近”原则，极大地方便了异地投资者的购买，投资者可以通过这些代销机构和网点进行交易和查询；直销与代销相比，在交易手段和赎回资金在途时间上更为便捷。目前，国内基金管理公司都建立了呼叫中心和网站为直销客户提供自助交易手段。同时，由于减少了中间环节，直销客户的赎回资金一般在 T+3 个工作日内即可到账，而代销客户一般需 T+7 个工作日到账。

3. 基金的申购与赎回

开放式基金是指基金发行总额不固定，基金单位总数可以随时增减，投资者按基金的报价在规定的营业场所购买或赎回基金单位的一种基金形式。就我国现阶段证券市场而言，开放式基金入市无疑将为广大投资者提供新的金融产品或投资工具，并将为社保基金入市和国有股减持等提供积极的服务。开放式基金不上市交易，申购和赎回业务可由基金管理人直接办理，也可委托其他机构代为办理。申购和赎回的基金单位金额依据申购赎回日时的基金单位资产净值增加或扣除有关费用后计算。基金单位资产净值为开放日一休市后基金资产净值除以当日基金单位的余额数量。投资者申购开放式基金一般应缴纳申购费（申购费率一般不超过申购金额的 5%）或在赎回基金时扣除上述费用。开放式基金也可以收取一定的赎回费率，但其不得超过赎回金额的 3%。申购及赎回费率也可以根据开放式基金的运作需要而选用。

4. 基金买卖的注册登记

开放式基金的注册登记，是指投资者买入基金单位后，由注册登记机构在其基金账户中进行登记，表明其所持基金单位的增加。投资者卖出基金单位后，取得款项，并由注册登记机构在其基金账户中登记，表明所持基金单位的减少。

5. 基金的投资管理

基金管理公司按照所公布的基金契约的要求进行基金投资与管理，如按一定的投资比例或行业投入股市、债券市场等，这是开放式基金运作的关键环节，决定基金的经营业绩。

6. 基金的信息披露

开放式基金虽然在信息披露方式上与封闭式基金类似，按期公布季度投资组合公告、中期报告、年度报告等，但比封闭式基金的信息披露更为透明、频率更高，更加方便投资者及时了解基金的运作情况。例如，开放式基金每天都要公布上一工作日的单位基金净值，使投资者及时了解基金的表现情况。

7. 基金收益、费用及收益分配

在基金的运作过程中，必然会产生收益、发生费用以及收益分配的问题，基金契约中会对基金收益、费用的计提标准及收益分配方式作出明确规定。基金收益包括红利、利息、证券买卖价差和其他收入。基金是以委托的方式请专家进行投资管理和操作的，因此从设立到终止都要支付一定的费用。基金支付的费用主要包括支付给基金管理公司的管理费、支付给托管人的托管费、支付给注册会计师和律师的费用、基金设立时发生的费用以及其他费用。基金收益扣除基金费用后便是基金的净收益。开放式基金一般以现金形式进行收益分配，但投资者可以选择将所分配的现金自动转化为基金单位，即红利再投资。

投资锦言

开放式基金的交易特点决定了资产中的一部分需留作备用，同时要求持有股票中的一部分应该有较好的变现能力，以应付投资者的随时赎回。因此，与封闭式基金相比，开放式基金的运作更加规范。

什么是开放式基金的认购、申购与赎回？

投资者买卖开放式基金的方式与封闭式基金有很大不同。买卖封闭式基金是通过证券交易场所进行的，买卖行为发生在基金投资者之间。而开放式基金不在交易所上市，投资者向基金管理人申请购买或赎回基金。

1. 认购

投资者在开放式基金募集期间或基金尚未成立时购买基金单位的过程称为认购。通常认购价为基金单位面值（1元）加上一定的销售费用。投资者认购基金应在基金销售点填写认购申请书，交付认购款项，在注册登记机构办理有关手续并确认认购。

2. 申购

在基金成立之后，投资者通过销售机构申请向基金管理公司购买基金单位的过程称为申购。

投资人申购基金时通常应填写申购申请书，交付申购款项。申购款一经交付，申购申请即为有效。具体申购程序会在有关基金销售文件中详细说明。申购资金单位的价格是以申购当日的基金单位资产净值为基础计算的。具体计算方法须符合监管部门有关规定的要求，并在基金销售文件中载明。

3. 赎回

与购买基金相反，投资人把手中持有的基金单位按一定价格卖给基金管理人并收回现金，这一过程称为赎回。单位基金赎回价格是以赎回当日的单位基金资产净值为基础计算的。投资人赎回基金通常应在基金销售点填写赎回申请书。按照《开放式证券投资基金试点办法》的规定，基金管理人应当在收到基金投资人赎回申请之日起 3 个工作日内对该交易的有效性进行确认，并应当自接受基金投资人有效赎回申请之日起 7 个工作日内支付赎回款项。

投资锦言

开放式基金相对于封闭式基金的优点在于其基金的规模并不固定，投资者可根据需要随时申购或赎回基金。但是，根据有关法规及基金契约的规定，投资者进行开放式基金的申购和赎回时，也将会有一些限制。

1. 基金申购限制

基金在刊登招募说明书等法律文件后，开始向法定的投资对象进行招募，从国内基金管理公司已披露的开放式基金方案来看，首期募集规模一般都有一个上限。在首次募集期内，若最后一天的申购份额加上在此之前的申购份额超过规定的上限时，则投资者只能按比例进行公平分摊，无法足额认购。

开放式基金除规定有认购价格外，通常还规定有最低认购额，如同股票的最小买入单位为一手一样。另外，根据有关法律和基金契约的规定，对单一投资者持有基金的总份额还有一定的限制，如不得超过本基金总份额的 10% 等。

在开放式基金日常的申购中，基金规模原来的上限仍有效，当基金规模达到上限时，该基金就只能赎回而不能申购了。

2. 基金赎回限制

开放式基金赎回方面的限制，主要是对巨额赎回的限制。根据《开放式证券投资基金试点办法》的规定，开放式基金单个开放日中，基金净赎回申请超过基金总份额的 10% 时，将被视为巨额赎回。巨额赎回申请发生时，基金管理人在当日接受赎回比例不低于基金总份额的 10% 的前提下，可以对其余赎回申请延期办理。也就是说，基金经理根据情况可以给予赎回，也可以拒绝这部分赎回，被拒绝赎回的部分可延迟至下一个开放日办理，并以该开放日当日的基金资产净值为依据计算赎回金额。

当然，发生巨额赎回并延期支付时，基金管理人应当通过邮寄、传真或者招募说明书规定的其他方式，在招募说明书规定的时间内通知基金投资人，说明有关处理方法，同时在指定媒体及其他相关媒体上公告；通知和公告的时间，最长不得超过 3 个证券交易所交易日。

投资开放式基金要支付哪些费用?

在开放式基金销售和运作过程中会发生一些费用，这些费用最终由基金投资者承担，用来支付基金管理人、基金托管人、销售机构和注册登记机构等提供的服务。开放式基金的费用主要分两大类，一是基金投资者直接负担的费用，二是基金运营费用。

1. 基金投资者直接负担的费用

对于封闭式基金的持有人而言，所要直接负担的费用就是在买卖基金的价格之外支付一定比例的佣金，与买卖股票一样。而对于开放式基金的投资者而言，指的是认购费、申购费、赎回费、基金转换费、红利再投资费用等。

（1）认购费。在开放式基金的发行期内购买称为认购。我国目前新设基金的单位面值都为1元人民币。

认购费用=认购金额×认购费率

例如，一个投资者欲认购1万元的开放式基金。该开放式基金的面额为1元，认购费率为1%，则该投资者需要支付的认购费为100元。

（2）申购费。申购费是指投资者在购买基金单位所支付的费用，因为基金在设立和发行过程中，会发生一定的费用用于支付经纪人的佣金、广告费以及会计师费和律师费，这些费用都计入基金的销售价格，由投资者在申购基金单位时负担。申购费可以在投资者购买基金单位时收取，也可在投资者卖出基金单位时收取。

按照《开放式证券投资基金试点办法》规定申购费不超过申购金额的5%。根据交易量大小有不同的费率标准，例如，某基金根据申购金额确定申购费用如下：

申购金额（M）申购费率（N）

M < 100 万　N=2.0%

100 万 ≤ M < 500 万　N=1.8%

500 万 ≤ M < 1000 万　N=1.5%

M ≥ 1000 万　N=1.0%

（3）赎回费。开放式基金的赎回费是指在开放式基金的存续期间，已持有基金单位的投资者向基金管理人卖出基金单位时所支付的手续费。赎回费是对其他基金持有人安排一种补偿机制，通常赎回费计入基金资产，也有的扣除一部分用作手续费，由基金管理人和代销商支配。我国《开放式证券投资基金试点办法》规定，开放式基金可以收取赎回费，但赎回费率不得超过赎回金额的 3%。目前赎回费率通常在 1% 以下，并随持有期限的长短有相应的减让。

在赎回开放式基金时采用未知价法，即基金单位交易价格取决于赎回行为发生时尚未确知（但当日收市后即可计算并于下一交易日公告）的单位基金资产净值。因此，赎回基金单位的费用计算方法如下：

赎回费用 = 赎回份额 × T日基金单位净值 × 赎回费率

假如投资者赎回 50000 份基金单位，赎回费率为 0.5%，当日的基金单位资产净值为 1.1688 元，其得到的赎回金额为：

赎回费用 = 50000 × 1.1688 × 0.5% = 292.2元

（4）转换费。指投资者在同一基金管理人所管理的不同基金（伞形基金）之间，由投资的一只基金转换成另一只基金所要支付的费用。基金转换可以方便地帮投资者实现目标基金的投资，而所付的转换费一般较赎回费或交易要少得多，而且目前许多基金采取不收取转换费的方法以稳定投资者。

（5）红利再投资费用。因为只有开放式基金可以将红利进行再投资，所以这种费用只针对开放式基金。即在投资者将从开放式基金所得到的分配收益再继续投资于基金所要支付的申购费用，有的基金为了鼓励投资者继续投资，对该项费用实行低收或不收的方法。

（6）其他非交易费用。这些费用包括开户费、转换注册费和账户维护费等。开户费是指投资者在开立基金账户时支付的费用；转换注册费是指投资者在办理基金单位在不同账户间的转换业务时支付的费用；账户维护费是指基金管理人向投资者收取的用于管理维护投资者基金账户的费用。以上费用须以固定金额的方式收取。基金管理人可根据一定标准设定投资者适用的不同费用水平，但须在招募说明书中载明具体处理方式。

2. 基金运营费用

基金运营费用是指基金在运作过程中发生的费用，主要包括基金管理费、基金托管费、交易费以及其他费用等，这些费用将直接从基金资产中扣除。

（1）基金管理费。基金管理费是指支付给实际运用基金资产、为基金提供专业化服务的基金管理人的费用，也就是管理人为管理和操作基金而收取的费用。它是支付给基金管理人的报酬，其数额一般按照基金净资产的一定比例（年率）逐日计算累积，从基金资产中提取，定期支付。基金管理费是基金管理人的主要收入来源，基金管理人自己的各项开支不能另外向基金或基金公司摊销，更不能另外向投资者收取。有的基金还有业绩表现费，如对冲基金，是指固定管理费之外的支付给基金管理人的与基金业绩挂钩的费用。

（2）基金托管费。基金托管费是指基金托管人为基金提供托管服务而向基金或基金公司收取的费用。托管费通常按照基金资产净值的一定比例提取，逐日计算累积，定期支付给托管人。

（3）交易费用。交易费用是交易基金时收取的手续费，不同的基金所收取的费用不一样，有时同一只基金还会出现因为投资者交易量的大小而不同，但是，基本上都有一个上限和计算方法，这些都会在基金招募时就公布。

（4）其他费用。除了上面几种主要费用外，还有信息披露费、律师费等费用。

基金信息披露费用是指中期和年度公报及公开说明书的公告、印刷制作等费。

基金持有人大会费用是指用来支付召开年会基金持有人大会花费。

会计师费和律师费是指支付给注册会计师、律师的费用。

投资锦言

投资基金同购买商品一样，购入之前，必先问价。投资者除了要知道自己买卖基金时应缴纳的费用外，基金管理人代投资者投资证券需要收取的各种费用也应当成为投资者关注的对象。因为，清楚基金公司的各种收费，是基金投资计算成本的重要一环，如有失误，买卖基金或日后赎回时便有可能蒙受损失。

什么是前端收费和后端收费？

购买开放式基金的收费方式分为前端收费和后端收费，前端收费是在购买时便支付认（申）购费用；后端收费则是在购买时不支付认（申）购费，而等到赎回时才一次性付费。

前端收费适合短期投资者。每当股市火爆的时候，基金投资者就会大量增加，其中很多人并不是想进行长期投资，而是趁着股市好的时候利用基金赚取短期收益。因部分基金公司规定短期投资的后端收费较高，所以，这时选择前端收费会节省投资成本。同时，并不是所有的基金都设有后端收费方式，如果基金业绩较好或增长潜力较大，则不必刻意寻找开设后端收费的基金。

投资期限高于两年宜采用后端收费方式。基金公司开设后端收费的目的是鼓励投资者长期持有基金，后端收费的费率一般会随着持有基金时间的增长而递减，比如广发基金公司旗下的广发聚富、广发稳健等基金规定持有五年以上，后端申购收费的标准则可降为零，持有两年以上赎回费也降为零。因此，投资者如果有长期投资的打算，最好选择后端收费方式，这样除节省费用之外，还可以规避市场短期波动带来的投资风险。

需要提醒投资者的是，后端收费和赎回费是不同的。后端收费与前端收费一样，都是申购费用的一种，只不过不是在买入基金时而是在卖出基金时支付。因此，如果投资者购买的是后端收费的基金，那么在卖出基金的时候，除了必须支付赎回费以外，还必须支付采取后端收费形式收取的申购费。

投资锦言

在实际投资过程中，很少有人在意前端收费和后端收费，销售单位的工作人员也往往很少主动提示客户选择哪种收费方式，而一律认为客户是选择前端收费。其实，投资者们如果能根据自己的情况科学选择适合的购买方式，会节省投资成本，提高实际的投资收益。

开放式基金认（申）购份额怎么计算？

开放式基金认（申）购份额的计算方法分内扣法和外扣法。

所谓内扣法，是指基民购买基金时，在总申购金额的基础上按照一定的申购费率计算申购费，用总申购金额减去申购费得到净申购金额，在此基础上除以申购基金当天的净值得到购买的基金份额。计算公式是：

净认（申）购份额=总认（申）购金额×［1–认（申）购费率］÷认（申）购当日基金单位净值

2007年5月中旬以来，各基金公司相继按证监会基金部发出《关于统一规范证券投资基金认(申)购费用及认(申)购份额计算方法有关问题的通知》要求，修改旗下基金认（申）购费用，认（申）购份额计算方法统一采用“外扣法”。

“外扣法”的原理是在净认（申）购金额的基础上乘以认（申）购费率得到认（申）购费，在此基础上，净认（申）购金额与认（申）购费的和应该等于总认（申）购金额。计算公式是：

净认（申）购份额=总认（申）购金额÷［基金净值×（1+认（申）购费率）］

基金份额以四舍五入的方法保留到小数点后两位。

例如，用1万元购买新基金，新基金1元一份，如果费率是1%，以

“内扣法”计算认购到的基金份额，相应公式是：10000×（1－1%）÷1，1万元可以购买的基金份额是9900份。

采用外扣法，相应公式是：10000÷[1×(1+1%)]，同样的1万元，可以购买的基金份额是9900.9901份。照这样计算，投资者每认购100万份1元新基金，就可以比以前节约近100元。

对于个人投资者来说，基金份额增加得并不多，或者说100万元节省下100元绝对是九牛一毛，但对基金公司来说，如果发行100亿份新基金，就要比以前少收近100万元的费用，这可不是个小数目。

投资锦言

内扣法与外扣法两者的区别主要在于申购费用的确认上。“内扣法”中，申购费用是在总申购金额的基础上计算出来的。事实是，申购费用是针对实际有效的申购金额的一种收费，应该在净申购金额的基础上计算。而总申购金额包括净申购金额和申购费，采用“内扣法”实质上对申购费进行了一次重复收费。因此，在实际计算中，基金投资者在相同的购买资金的情况下，“外扣法”得到的基金份额更多一些，有利于保护投资者的利益。

2007年5月中旬以来统一采用外扣法。然而，直至今日，有些文章甚至某些基金销售客服在解说基金用度时，使用的仍是内扣法的盘算公式。请投资者注意不要被误导。

什么是开放式基金的“开放”

开放式基金是与封闭式基金相并列的，所谓的开放也是相对于“封闭”而言，因此开放首先指的是开放式基金的可赎回性，对于投资者而言，可以随时提出申购和赎回的申请，非常便利。

其次，从发行的方式上说，开放式基金也是开放的。开放式基金的基金规模是不固定的，基金发行期结束后，经过一定的封闭期（通常为3个月），就进入正常申购赎回期，投资者如果想买这只基金，基金公司继续以当时的基金净值卖给投资者，如果投资者不想持有基金了，也可以按照赎回日的净值退给基金公司，因此基金的规模是不固定的。而封闭式基金在发行结束后，基金公司则不再接受新的申购，即使投资者手里的基金不想要了，也不能退给基金公司。投资者只能从二级市场其他投资者那里购买，想卖的时候也只能卖给其他投资者。这样，封闭式基金的总份额是不变的。

再者，“开放”还指其可在销售机构的营业场所销售及赎回，而不必上市交易。而封闭式基金只能在证券交易场所上市交易。

投资锦言

开放式基金的“开放”除了以上三重含义外，还可以理解为“信息的开放”。因为开放式基金的信息披露比较透明，每天都公布基金的资产净值，方便投资者进行交易，而封闭式基金一般是每周公布一次。

什么是开放式基金的自行封闭?

在开放式基金达到一定规模时，基金管理公司可以决定将基金封闭，即只接受赎回，不接受申购。这就是开放式基金的自行封闭，开放式基金为什么要自行封闭呢?

这是因为基金规模并非越大越好。每个基金经理都有其熟悉的股票和投资区域，当基金规模增长过快时，基金经理不得不把超额的资金投向其不熟悉的股票和投资区域，就会对基金的业绩产生不利影响。另外，基金规模太大，在实际操作中难以维持良好的盈利表现。比如，当某只超级股票基金打算投资某公司股票时，很快就会引起市场注意，该基金计划部署还没有完成，股票价格已被炒高，同时超级股票基金也难以对有快速增长潜力的小公司投资，因为这些小公司相对于基金的规模太小，即使对该小公司投入数百万美元，结果对基金的整体盈利表现却无足轻重。

基金管理公司解决的方法就是自行宣告将基金封闭，即基金只可赎回，不可购进。而在封闭原有基金的同时，为投资者开设同类新基金。这样一来，既保持了原基金的运作，又能避免失去客户。

在我国，在既定的股市流通市值规模下，基金有一个相对最优的规模。据华安基金管理公司的市场调研结果，这一最优的基金规模在 100 亿元以内。

《开放式证券投资基金试点办法》中规定，当开放式基金达到预期的基金规模后，可以不再接受申购申请。预期的基金规模必须在基金契约和招募说明书中载明。

投资锦言

开放式基金宣布自行封闭，并不等于封闭式基金。一般来说，随着市场情况的变化，自行封闭的基金会重新开放。

什么是开放式基金的基金转换，为什么要进行基金转换？

基金转换是基金公司向基金持有人提供的一种服务，是指投资者在持有一家基金管理公司发行的任一开放式基金后，可直接自由转换到该公司管理的其他开放式基金，而无须先赎回已持有的基金单位，再申购目标基金的一种业务模式。当交易账户为正常情况下，且申请转换的基金必须为基金管理公司规定的可转换基金时，才能进行转换交易。

基金转换是以基金份额为单位进行处理的，投资者采用“份额转换”的原则提交申请。基金转换一次只能转出、转入一只基金，如果客户要转换多于一只基金，要采用多次申请多次输入的方式处理。基金转换采取未知价法，以申请当日基金单位资产净值为基础计算。

基金是中长期的投资品种，因此不适宜频繁地转换或者申购赎回。因为在转换过程中还要考虑基金转化的转换费，并且转换的目标基金也要选择准确，否则会带来更大的风险，所以基金转换要选择适当的时机。在以下情况下适宜进行基金转换：

（1）目标基金的投资能力突出，基金净值增长潜力大；

（2）目标基金具有较好的分红条件，即将进行分红；

（3）中长期证券市场环境有利于目标基金的主要资产运作；

（4）手中持有的基金的单位净值已处于历史相对高位，而目标基金的单位净值处于历史相对低位等。

（5）在证券市场发生较大变化或波动较大的情况下，投资者可以通过转换选择更为稳妥的基金。

投资锦言

选择正确的转换时机进行基金转换，可以使投资者在节约手续费的同时，达到无须赎回持有基金份额，转而申购持有目标基金，从而获得更高的收益或者规避市场中的某种风险的目的。所以，很多投资者在股票市场经过长期下跌后开始中长期回升时，将债券型基金转换为股票型基金，以充分享受股票市场上涨带来的收益；当股票市场经过长期上涨后开始下跌时，则将股票型基金转换为债券型基金。

什么是开放式基金的非交易过户？

开放式基金的非交易过户是指符合法律规定和程序，因继承、赠与、财产分割或法院判决等原因而发生的基金份额所有权转移行为。受让人需凭法院、公证处等机关出具的文书到登记结算机构或其代理机构申办非交易过户，并根据受让总数按当天收盘价，收取规定标准的印花税。它是相对于正常的交易过户而言的，是一种在没有买入或卖出的状况下进行的基金单位的转让和过户。

非交易过户常见三种情况，即继承、捐赠和司法强制。继承是指基金持有人死亡，其持有的基金单位由其合法的继承人继承；捐赠仅指基金持有人将其合法持有的基金单位捐赠给福利性质的基金会或社会团体；司法强制执行是指司法机构依据生效司法文书将基金持有人持有的基金单位强制判决划转给其他自然人、法人、社会团体或其他组织。

可以受理的非交易过户会在基金契约、招募说明书或公开说明书中规定。办理非交易过户必须提供基金销售网点要求提供的相关资料。符合条件的非交易过户申请自申请受理日起，2 个月内办理并按基金注册与过户登记人规定的标准收取过户费用。

投资锦言

开放式基金的非交易过户由注册登记人受理。申请人在办理本类业务时须提供有关申请人身份证件和有关证明文件。

开放式基金怎样办理开户手续?

与封闭式基金一样，买卖开放式基金必须先办理开户手续，拥有开放式基金账户，然后才能买卖开放式基金。

开放式基金的开户手续包含三个步骤：首先，到基金管理公司、拥有基金代销资格的银行或证券营业部等基金销售网点填写开户申请书（代理协议）、办理开户；其次，提交相应的资料办理开户手续；最后，预留一个接受赎回款项的银行存款账户。

1. 个人投资者办理开户手续

个人投资者填写完开放式基金专用账户申请书（代理协议）及与基金管理人签订相关协议后，须提交以下证件资料：

（1）本人有效身份证件（身份证、军官证、士兵证、护照等）的原件及复印件。

（2）持有开户卡，如基金销售采取信用卡形式的可办理信用卡并持有此卡开户。

（3）填妥的“基金账户业务申请表”。

（4）指定银行账户的证明文件及复印件。

（5）代办人有效身份证件原件及复印件和本人的授权委托书（如非本人亲自办理）。

2. 机构投资者办理开户手续

机构投资者填写完开放式基金专用账户申请书（代理协议）及与基金管理人签订相关协议后，须加盖单位公章，预留印鉴卡。同时提交以下证件资料：

（1）工商行政管理机关颁发的法人营业执照原件及复印件（加盖单位公章），或民政部门或其他主管部门颁发的注册登记证书原件及复印件（加盖单位公章）、法人代码证卡原件及复印件。

（2）法人代表证明书及有效证件（原件及复印件）。

（3）法人代表的授权委托书和经办人的有效证件（原件及复印件）。

（4）账户卡，如使用信用卡开户的可持信用卡。

（5）填妥的“基金账户业务申请表”并加盖公章。

投资锦言

在开户之后，只要按照销售机构规定的方式准备好购买基金的资金，并且填写和提交“申购申请表”，就可以买入开放式基金。同样，只要到销售网点填写并提交“赎回申请表”，便能卖出基金。通常在提出买入或卖出申请的两天后，投资者就可以到销售网点打印确认单，或通过基金管理公司的客户服务电话查询基金买卖的确认情况。此外，在提出卖出申请后7日内，赎回资金划到客户指定的银行存款账户。

开放式基金的投资优势有哪些？

开放式基金是世界上通行的基金品种，其投资优势主要体现在以下几个方面：

1. 市场选择性强

如果开放式基金业绩优良，投资者购买基金的资金流入会导致基金资产增加；如果基金经营不善，投资者通过赎回基金的方式撤出资金，将导致基金资产减少。规模较大基金的整体运营成本并不比小规模基金的成本高，使得大规模的基金业绩更好，选择它的人更多，规模也就更大。这种优胜劣汰的机制对基金管理人形成了直接的激励约束，充分体现了良好的市场选择。

2. 流动性好

开放式基金管理人必须保持基金资产充分的流动性，以应付可能出现的赎回，而不会集中持有大量难以变现的资产，减少基金的流动性风险。

3. 透明度高

除履行必备的信息披露外，开放式基金一般每日公布资产净值，随时准确地体现出基金管理人在市场上运作、驾驭资金的能力，对于能力、资金、经验均不足的中小投资者有特别的吸引力。

4. 便于投资

投资者可随时在各销售场所申购、赎回基金，十分便利。良好的激励约束机制又促使基金管理人更加注重诚信、声誉，强调中长期、稳定、绩优的投资策略以及优良的客户服务。

投资锦言

开放式基金这个在国际市场上已经非常成熟的投资品种，拥有非常顽强的竞争力和生命力。作为美国 50% 以上家庭投资的理财工具，开放式基金在过去20年中平均年回报率达到了12%，我国运作开放式基金的时间虽然较短，但大部分基金也取得了明显超过市场平均收益率的投资回报。

哪些投资者适合投资开放式基金?

一般而言，开放式基金适合四类投资者购买：

1. 把证券投资作为副业无暇打理的投资者

证券市场的绝大部分参与者都有自己的主要工作，证券交易的开市时间也是大家本职工作最忙的时间，购买基金可交给专业的基金公司去管理，可以坐享其成。

2. 有意进行证券投资但缺乏证券知识的投资者

多数投资者由于缺乏证券知识，没有能力对证券市场和上市公司进行深入细致的研究，使得投资带有盲目性，不如委托专业的基金管理公司运作。

3. 风险承受能力较低的证券投资者

目前活跃在证券市场中的多数是小额投资者，他们的资金如果集中购买一两只股票，则风险过于集中，如果投资过于分散，则牵扯精力过多，投资成本上升，得不偿失。基金则将小额资金汇聚成巨额资金，可以从容地进行组合投资，既分散了风险，又便于管理。

4. 期望获取较为长期稳定收益而不追求暴富的投资者

不同的基金，投资风格会有所不同，但都推崇长期理性投资。追求超额的利润，风险就会加倍。在证券市场中，基金代表机构投资者的主流，投资回报率不是最高的，但会比较长期与稳定。

投资锦言

开放式基金是一种发行额可变，基金份额（单位）总数可随时增减，投资者可按基金的报价在基金管理人指定的营业场所申购或赎回的基金。与封闭式基金相比，开放式基金具有发行数量没有限制、买卖价格以资产净值为准、在柜台上买卖和风险相对较小等特点，特别适合中小投资者购买。

开放式基金的投资目标是什么？

开放式基金的投资目标是基金成立的宗旨，体现了该基金投资所具有的风险与收益状况。因此开放式基金在募集时，必须在基金招募说明书中对投资目标加以明确，以供投资者选择。开放式基金的投资目标大致为三类：

第一类，追求长期的资本增值，该类基金亦被称为成长型基金；

第二类，追求当期的高收入，也称作收入型基金；

第三类，兼顾长期资本增值和当期收入，也叫平衡型基金。

三类基金的风险、收益和投资工具状况如表 5-1 所示。

表5-1　开放式基金分类对比

类别	收入型基金	平衡型基金	成长型基金
风险状况	低	中等	高
收益水平	低	中等	高
主要投资工具	债券、优先股、可转换债	股利稳定、有一定成长性的股票与债券	高成长性的公司股票

投资锦言

投资目标不同，主要投资工具则不同，基金获取收益的方式也不同。收入型基金会有较高的当期收入；平衡型基金在分配利息和股利的同时也能够实现一定的资本利得；成长型基金只注重长期的资本利得，对当期的股利和利息收入并不注重。

开放式基金怎样获得收益?

投资基金的收益是基金资产在运作过程中所产生的超过本金部分的价值。开放式基金的收益主要来源有利息收益、股利收益和资本利得三种表现形式。

1. 利息收益

基金的利息收益主要从以下两种情况获得：一是指在基金运作时，会以银行存款形式保持一部分资产，而从商业银行取得一定的利息收入。持有现金或银行存款是出于基金监管部门的规定，如监管部门规定要留出基金净值一定比例的现金以备赎回基金持有者的股份单位，或是因为市场正处于下跌过程中，基金管理者出于规避风险的考虑而暂时持有现金。

另一种情况是指基金投资于一般的债券或商业本票、可转让存单及其他短期票券上，这些资产都明确地规定了其利息率、成熟期及发放利息的时间、方式等，持有这些资产也可带来利息收益。

2. 股利收益

基金的股利收益是指证券投资基金通过在一级市场或二级市场购入、持有股份公司发行的股票（普通股、优先股），而从公司取得的一种收益。

股利一般有两种形式，即现金股利与股票股利。现金股利是以现金形式发放的，又称红利；股票股利是按一定比例送给股东该公司股票作为红利，又称红股。

另外，股份公司往往会赋予股东以低于二级市场价格配股的权利，如果配股后股价不成比例地下跌，则公司的股东仍可得到可观收益。

3. 资本利得

任何证券的价格都会受证券供需关系的影响，如果基金能够在资本供应充裕、价格较低时购入证券，而在资本需求旺盛、价格上涨时卖出证券，所获价差称为基金的资本利得收入。

资本利得在基金收益中往往占有很大比重，要取得较高的资本利得收入，就需要基金管理人具有丰富、全面的证券知识，且对证券价格的走向作出大致准确的判断。一般来说，基金管理人具有较强的专业知识，能掌握更全面的信息，因而比个人投资者更有可能取得较多的资本利得。

投资锦言

基金的分配方式通常有三种：

（1）分配现金。这是基金收益分配的最普遍的形式。

（2）分配基金单位。即将应分配的净收益折为等额的新的基金单位送给投资者，这种分配形式类似于通常所说的“送股”，实际上是增加了基金的资本总额的规模。

（3）不分配。既不送基金单位，也不分配现金，而是将净收益计入本金进行再投资，体现了基金单位净资产值的增加。

《证券投资基金管理公司管理办法》规定在我国只允许分配现金。我国台湾地区则采用第一种和第三种相结合的分配方式，而美国用得最多的却是第一种和第二种方式。

开放式基金如何分红？

开放式基金收益分配监管部门有一些原则上的规定。根据《证券投资基金管理公司管理办法》有关条文的规定，基金收益分配应当采用现金形式，每年至少一次，基金收益分配比例不得低于基金净收益的 90%。《开放式证券投资基金试点办法》对开放式基金的收益分配并没有作出具体的规定，只规定：“开放式基金的收益分配，应当根据基金契约及招募说明书的规定进行。”因此，《证券投资基金管理公司管理办法》中的规定对开放式基金也有指导意义。

因此，根据有关法规的规定，开放式基金收益分配应遵循以下原则：

（1）基金收益分配比例不低于基金净收益的90%；

（2）基金收益每会计年度分配一次，目前应采用现金形式分配；

（3）基金当年收益先弥补上一年度亏损后，方可进行当年收益分配；

（4）基金投资当年亏损，则不进行收益分配；

（5）每份基金单位享有同等分配权。

此外，基金收益分配方案应载明基金收益范围、基金净收益、基金收益的分配对象、分配原则、分配时间、分配数额及比例、分配方式、支付方式等内容。

基金收益分配方案先由基金管理人拟定，经基金托管人核实后，再报中国证监会备案。

目前的开放式基金一般都会向投资者提供两种可供选择的分红方式，即取得现金或红利再投资。红利再投资是基金管理公司向投资者提供的直接将所获红利再投资于基金的服务。选择现金形式的，红利将于分红实施日从基金托管账户向投资者预留的银行存款账户划出。如果投资者暂时不需要现金，而想直接再投资，就可以选择红利再投资方式，在这种情况下，分红资金将转成相应的基金单位并计入投资者的账户，一般免收再投资的费用。如果投资者想变更原来选择的分红方式，也可以到办理基金业务的基金管理公司或代销机构营业网点办理变更手续。

投资锦言

"分红是把'双刃剑'。短期看似乎很美妙，投资者落袋为安，更多的人得以以较低的净值购买，但从长远看，频繁分红将损害投资者的利益。"业内专业人士认定分红对于基金投资其实并不一定是好事。

1. 分红不带来增值

基金分红就是将基金收益的一部分以现金方式派发给投资者，这部分收益原来就是基金单位净值的一部分，因此，开放式基金的分红是不带来增值的，好比将一块面包分成两块。投资者实际上拿到的只是自己账面上的资产，这也就是分红当天（除权日）基金单位净值下跌的原因。

2. 分红不利于长期投资

基金分红后，基金净值会下降，有投资者会认为，这时候购买基金比较划算，业内人士表示“这是一种误解”。假设在权益登记日和分红再投资日之间市场没有波动，那么投资者无论是在分红前购买还是分红后购买，其拥有的资产没有差别。虽然分红前购买可获得分红并转换成基金份额，但分红后购买由于基金净值下降，同样的申购金额可购买更多的基金单位。

开放式基金必须披露的信息有哪些?

具体而言，开放式基金必须披露的信息包括：

1. 招募说明书（初次发行后也称为公开说明书）

该报告旨在充分披露可能对投资者做出投资判断产生重大影响的一切信息。包括管理人情况、托管人情况、基金销售渠道、申购和赎回的方式及价格、费用种类及比率、基金的投资目标、基金的会计核算原则、收益分配方式等。

基金招募说明书是投资者了解基金的最基本也是最重要的文件之一，是投资前的必读文件。由于开放式基金的申购是一个持续的过程，其间有关基金的诸多因素均有可能发生变化，为此，招募说明书（公开说明书）每半年必须更新一次。

2. 申购赎回公告书

由基金管理人按照《证券投资基金管理公司管理办法》的有关规定编制，在申购赎回开始日前若干工作日内（一般为 2 日），在指定报刊上公告，同时报中国证监会备案。

3. 定期报告

由基金管理人按照《证券投资基金管理公司管理办法》的有关规定编制，并在指定报刊上公告，同时报中国证监会备案。定期报告内容包括：

（1）每日基金单位净值公告。该报告为日报，揭示基准日当天证券交易市场收市后按最新市价计算的每份基金单位所拥有的基金资产净值，该数据每天计算，次日公告。

（2）季度投资组合公告。该报告揭示基金投资股票、债券的比例，投资股票的行业分类及前十名股票明细等。该报告在每季度结束后的 15 个工作日内公告。

（3）中期报告。该报告在会计年度的前6个月结束后60日内公告，总体反映基金上半年的运作及业绩情况。主要包括：管理人报告、财务报告重要事项揭示等。其中，财务报告包括资产负债表、收益及分配表、净资产变动表等会计报表及其附注，以及关联事项的说明等。

（4）年度报告。该报告在会计年度结束后90日内公告，总体反映基金全年的运作及业绩情况。除中期报告应披露的内容外，年度报告还必须披露托管人报告、审计报告等内容。

4. 基金的临时报告与公告

基金在运作过程中发生可能对基金持有人权益及基金单位的交易价格产生重大影响的事项时，将按照法律、法规及中国证监会的有关规定及时报告并公告。这些事项主要包括：基金持有人大会决议，基金管理人或基金托管人变更，基金管理人的董事长、总经理、基金托管部的总经理变动，基金管理人的董事一年内变更达50%以上，基金管理人或基金托管部主要业务人员一年内变更超过50%，重大关联交易，基金管理人或基金托管人受到重大处罚，重大诉讼，仲裁事项，基金提前终止，基金开放部分发生巨额赎回，其他重大事项。

此外，开放式基金由于自身的特点还应披露许多有关投资者的服务信息，这些信息主要包括：

（1）基金基本信息和交易信息的查询，包括交易的确认通知、定期对账单、基金价格、基金资产状况等基本信息。

（2）基金投资者账户报告。

（3）其他资料，如基金管理人简介、管理人的年报、宣传资料、基金经理对市场展望等。

（4）基金管理公司还应为投资者提供一定的基金知识咨询服务，如资产管理建议、基金推介会、基金经理通报会等。

投资锦言

法定披露信息由基金管理人编制、基金托管人复核，于规定时限内在中国证监会指定的信息披露报刊（中国证券报、上海证券报、证券时报）和网站（上海证券交易所www.sse.com.cn、巨潮资讯网www.cninfo.com.cn）上发布。

开放式基金的基本投资策略

开放式基金的价格随着资产净值的波动而处于不断变化中，只有把握良好的投资时机，在适当的时候买进卖出基金，投资者才能获得真正可观的收益。要把握好开放式基金的时机，投资者需要掌握以下几种基本策略。

1. 长期投资策略

投资开放式基金的获利秘诀在于追求长期成长的收益，频繁的短线进出并不适用于基金投资，反而会白白损失手续费，因此投资者最好事先做好中长期的投资规划。长期投资法是将资金长期投资在某一只基金上，定期检视投资状况，但基本上不频繁进出。在长期投资下，也可以基于你对市场的了解，定期对投资进行调整，方法有两种：

（1）固定比例投资法。固定比例投资法适合波动市场，即将一笔资金按固定比例分散买进几只不同种类的基金，当某只基金价格飙升后，就补进低成本的基金单位，从而使原定的投资比例保持不变。这样不仅可以分散投资成本，抵御投资风险，还能见好就收，不至于因为基金表现欠佳或过度奢望价格会进一步上升而使到手的收益成为泡影或使投资额大幅上升。当然这种调整不易频繁，否则会增加交易成本。

（2）顺势操作法。顺势操作适合上升或下降趋势较强的市场，在某个基金品种下跌时即赎回，以应对进一步的下跌，而在某个基金品种上升时即增加投资，以获取进一步的上升机会。这种策略基于以下假设：每种基金的价格都会有升有降，并且会随着市场状况而变化。

2. 固定目标收益率策略

固定目标收益率策略是基金投资策略之一。这种投资策略的简单操作是，投资者设定一个固定目标收益率（例如 10%）的涨幅为获利目标，只要所购基金的涨幅超过 10%，就立即卖出而不去考虑其他相关情况的变化。

3. 分批买卖策略

分批买卖策略是指在基金的不同价位平均投入资金，每隔一段固定的时间（月、季或者半年），以固定等额资金购买一定数量的基金单位。分批购入基金价格较高时的风险，长期下来，就可以使购买基金的平均成本保持在一个较低的水平。当投资者无法判断市场时机，可分批购进基金，而当基金净值上涨到一定高度后，则开始分批售出。投资者的良好愿望是能够最低价买进和最高价售出。但是真正能在市场上如愿以偿的投资者却为数不多。

4. 适时进出策略

适时进出策略是在后市看好的时候将资金投入，而当市场行情反转时将基金赎回。一般而言，后者要求投资者必须具备相当的投资经验和风险承受能力。因为买卖开放式基金多需要缴纳申购和赎回费用，这种方法适用较长的时间段，否则会面临昂贵的交易成本。

5. 定期定额投资法

所谓定期定额投资法，就是无论行情好坏，每月或其他固定时间都投资一笔钱在基金上。当股市上涨基金净值高时，买到的单位数较少；当市场下跌基金净值低时，买到的单位数较多。长期下来，投资基金的平均成本会较低，只要股市长期表现是上升趋势，这种方式获利的机会会很大。这种方式可以根除一般人容易犯的“追高杀低”的毛病。

适时进出策略和顺势操作法都需要投资人对市场有比较好的了解，而选择适合自己的品种进行长期投资或进行定期定额投资，则比较适合一般投资者，而且有利于降低投资成本。在长期投资时，采用“固定比例投资策略”对投资组合进行调整可使投资更加稳健，改善组合的收益状况。

投资锦言

因为开放式基金有认购和赎回费用，所以一般情况下树立长期投资的理念是正确的，但如果股市不太稳定，经常是股指涨到一定程度又会回到原始状态，使得基金净值的波动幅度较大，有时看到基金已经收益了5%，可过几天又亏损了。所以，在这种情况下，不妨转变一下投资思路。如果基金净值已经出现了可观的升幅，并且你对后市不太看好，这时可以及时赎回，落袋为安，保住自己的胜利果实。而等基金下跌到一定程度，投资价值显现的时候，可以再申购回来。一年跟着股市涨跌进行两三次“投机”，不但能规避风险，还能取得较为可观的投资收益。

怎样降低开放式基金的投资成本?

开放式基金日益受到广大投资者的青睐，但也有一些人因为对基金公司收取不菲的申购、赎回费用难以接受。其实，投资开放式基金有很多省钱之道，掌握了这些减免手续费的窍门，你的投资顾虑可能很快烟消云散。

1. 开放式基金也能团购

按照基金公司的规定，认购、申购数额越高，手续费越低。比如某基金申购金额低于 50 万元时费率为 1.5%，高于 500 万元时费率仅为 0.5%，二者相差数倍。根据这一规定，同事、朋友、网友们可以“团结”起来，使一次性购买基金的额度达到享受手续费优惠的金额便有可能节省一大笔费用。另外，目前国内出现了专门的基金团购网，办理该网站指定银行的银联卡，开通“银联通”业务，然后就可以在团购网的指导下购买相关基金，享受团购费率优惠。比如，购买华夏宝利配置基金，普通的申购费率是 1.2%，通过团购网可以享受 0.48% 的优惠。

2. 认购比申购费用更低

同样一只基金，发行时认购和出封闭期之后申购其费率是不一样的，基金公司为了追求首发量，规定的认购费率一般低于申购费率。比如，认购 5 万元某基金的费率为 1%，出封闭期后的申购费率则为 1.5%，二者相差 0.5%。如果单从节省手续费的角度考虑，看好某一只基金，应尽量选择在发行时认购。

投资者在选择基金产品时，应当就不同的基金产品，针对不同的申购、赎回费率而采取不同的策略，切勿忽略不计。除此之外，在了解各基金产品的费率特点后，应通过基金产品之间的转换而达到节省费率的目的。

3. 保本型基金“波段操作”应遵守避险期的规定

保本型基金产品的一个明显特征是“保证本金的安全”。投资者只要持有的保本型基金到期，就可以在保证本金安全的情况下，分享基金在避险期内的运作收益。

假如投资者购买了保本型基金，如果不遵守和执行保本型基金关于避险周期的规定，不考虑成本进行基金的频买频卖，将导致意想不到的亏损。因此，对于购买保本型基金的投资者来说，一定要摒弃股票投资的风格特点，学会坚持长期投资，才不会遭受损失，毕竟近 2% 的申购赎回费率（申购费率 1.5%，赎回费率 0.5%）与股票买卖 0.3%（来回 0.6%）的佣金比率相比，是极不对称的。一个交易来回相差近 10 倍的成本，显然不是投资基金的初衷，也不是一般投资者所能接受的。

4. 红利再投资节省申购费

基金投资者可以选择两种分红方式，一种是现金红利，另一种是红利再投资。为鼓励大家继续投资，基金公司对红利再投资均不收取申购费，红利部分将按照红利派现日的每单位基金净值转化为基金份额，增加到投资者账户中。这种方式不但能节省再投资的申购费用，还可以发挥复利效应，从而提高基金投资的实际收益。

5. 巧用基金转换节省投资成本

基金转换业务是基金投资中的一个节省申购费用的技巧，因为同一家基金公司旗下的基金，在进行转换时，都会给投资者一定的费率优惠。比正常情况下将手中的基金赎回后再申购同一公司下的另一种基金可以节省不少费用，降低投资成本。但是，需要投资者注意的是，不同基金公司基金转换的规定并不相同，要先问清楚了再做转换。

赎回股票型或配置型基金时有两种做法：一种是直接赎回股票型基金，另一种做法是先转换成货币基金再赎回。赎回基金的到账时间是后一种做法比较快一些，而且让你想象不到的是，还会多出 2 天货币基金的收益。

投资锦言

开放式基金投资包括很多环节，而每个环节都有不同的费用。投资者进行基金投资多掌握一些节约费用的技巧，自然可以省钱。

[案例] 开放式基金的申购

赵先生投资 50000 元申购一只 LOF 基金——南方高增长，他采取了场外申购，即通过银行柜台等申购的方式。按照申购当日的基金份额净值 1.4993

元、对应申购费率 1.5% 计算，根据新的申购费计算方法，需要缴纳的申购费用 = 申购金额 ÷（1+ 申购费率）× 申购费率 =50000/（1+1.5%）×1.5% = 739（元），剩下的净申购金额 = 申购金额 ÷（1+ 申购费率）=50000/（1+1.5%）=49261（元），则其可得到的份额 = 净申购金额 ÷ 基金份额净值 = 49261/1.4993=32856 份。

而梁先生选择了在场内申购，即像炒股一样通过交易所买入这只基金。梁先生买入这只基金的价格将按其当日的收盘价 1.475 元计算，并且在交易过程中不需要支付申购和赎回费用，只需支付一定比率的券商佣金。

按照对应券商佣金比率为 0.2% 计算，同样获得 32856 份该基金份额，梁先生需要支付的券商佣金 = 挂牌价格 × 申购份额 × 券商佣金比率 = 1.475×32856×0.2%=97（元），需要支付的总的申购金额 = 挂牌价格 ×（1+ 券商佣金比率）× 申购份额 =1.475×（1+0.2%）×32856=48560（元）。

最终，同样拥有 32856 份该 LOF 基金，赵先生需支付 50000 元，而梁先生只需支付 48560 元，省了 1440 元。

[案例] 是选择现金分红还是红利再投资

前两天，杭州虞先生在查询一张用于投资理财的银行卡余额时，发现卡里多出了 8000 多元。他这才想到去年 11 月买的博时主题基金在年底进行了大比例分红。“但是，我买基金才一个月左右，不过赚了 2000 多元，为什么会分到 8000 多元？”对此他十分困惑。

银行理财专家指出，关键在于虞先生选择了现金分红的方式。其实，基金分红有现金分红和红利再投资两种方式，而很多新投资者可能并没有在意两者有何区别。在牛市背景下，选择红利再投资能给投资者带来更大回报。

虞先生告诉记者，他在去年 11 月分两次买入某基金，共 1.6 万元，平均净值 1.629 元。该基金默认的分红方式是现金分红，虞先生当时并没有在意。

2020 年 12 月 31 日，该基金大比例分红，每 10 份基金份额派发红利 8.3 元，将净值归一。虞先生分得 8151.05 元，直接打入他的银行账户。但实际上只有 2000 多元是他的收益，另外 6000 元相当于被退回的本金。

虞先生发现后十分懊恼，但也只能怪自己当时没有选择红利再投资。现在，他又把这笔多出来的资金申购了其他开放式基金。这样一来，他不仅错过了一段时间的投资机会，还多付了一笔手续费。

第6章　收住闸门获巨利
——封闭式基金的投资策略

现在市场上各种机会很多，但对于投资者而言，重要的是不仅要看到机会，还要抓住机会，更要把握住更大的机会。而在所有的赚钱机会中，封闭式基金是最不容忽视的。

封闭式基金的折价交易

封闭式基金净值的计算和开放式基金是一样的，但与开放式基金不同的是，封闭式基金的交易价格往往与它的净值不同，甚至经常出现较大的差异。我们将封闭式基金的价格低于净值的情况称为“折价”，其价格高于净值的情况称为“溢价”。

封闭式基金偶尔可能出现微小的溢价，但在大多数情况下仍处于折价状态，这是正常的现象，因为管理基金涉及一些成本，会略微减少基金资产。此外，受市场供求关系影响也会产生折价与溢价现象。

投资锦言

折价幅度的大小会影响封闭式基金的投资价值，如果投资者购买折价的基金，一旦折价缩小或转变为溢价，报酬相对可观。因此，除了投资目标和管理水平外，折价比率是评估封闭式基金的另一个重要因素。

如何理解封闭式基金的封闭？

封闭式基金是相对于开放式基金而言的，是指基金规模在发行前已确定，在发行完毕后和规定的期限内，基金规模固定不变的投资基金。具体地说，封闭式基金具有以下“封闭”特点：

（1）封闭式基金均有明确的存续期，我国规定不得少于 5 年。在此期限内已经发行的基金单位不能被赎回。虽然特殊情况下此类基金可进行扩募，但扩募应具备严格的法定条件。因此，在正常情况下，基金规模是固定不变的。

（2）封闭式基金发起设立时，投资者可以向基金管理公司或销售机构认购，当封闭式基金上市交易时，投资者又可以委托证券商在证券交易所按市价买卖。

（3）封闭式基金在证券所上市，其买卖价格受市场供求关系影响较大。当市场供小于求时，基金单位买卖价格可能高于每份基金单位资产净值（溢价），这时投资者拥有的基金资产就会增加；当市场供大于求时，基金价格则可能低于每份基金单位资产净值（折价）。

（4）由于封闭式基金不能随时被赎回，其募集得到的资金可全部用于投资，因此对于基金管理公司来说，它可以据此制定长期投资策略，取得长期经营绩效。

投资锦言

自2001年9月首只开放式基金成立以来，基金市场日益向开放式基金一统天下的局面倾斜，封闭式基金似乎逐渐被边缘化。但有关专家分析称，封闭式基金所具有的固有优势是其存在和进一步发展的基础，其中之一是杠杆操作优势，封闭式基金可以通过融资借贷来做杠杆化投资操作，这一优势也是开放式基金所不可比拟的。采用这种策略的基金大多引入了结构化分级的产品模式，进而衍生出形式多样、能满足特定投资者风险收益偏好的基金产品。投资分析与市场调研表明，在牛市环境中，普通级份额上市后的交易折价可得到极大的抑制，并很有可能出现溢价交易。

封闭式基金价格是如何确定的，为何有高有低？

封闭式基金的价格是如何确定的？为什么有的基金净值是1元多，而定价却1元不到？为什么封闭式基金价格有些高有些低？

封闭式基金的价格取决于市场供求关系，由买卖基金的投资者双方通过交易所系统达成成交价格。而开放式基金采用的是“未知价”原则申购与赎回，是按照当日收市价计算的。但未知价也不是完全没有依据的买卖，可以基金管理人公布的前一日的净值为参考，结合当日证券市场的波动情况进行判断。

封闭式基金的价格会受到杠杆效应高低程度的影响。封闭式基金发行普通股是一次性的，即：基金的资金额筹集完后就封闭起来，不再发行普通股。但是由于管理上的需要，这类公司亦可以通过发行优先股和公司债券，作为资本结构的一部分，形成未偿优先债券，并且能获得银行贷款。这对公司的普通股股东来说，他们的收益就要受到杠杆作用的影响。优先证券对资产和收益有固定的权利。因此，当公司资产和收益总值（利息和优先股股息支付的收益）上升时，普通股股东收益就会增加，他们不仅可以得到更多的股息，还能获得资本收益。也就是说，当基金资产价值提高时，基金普通股增长更快；反之，当基金资产价值下降时，基金普通股也下降更快。这种杠杆效应往往使某些封闭式基金公司的普通股市场价值的增减超过总体市场的升降。封闭式基金由于不承担购回其股票的义务，其股票只有在公开市场上出售才能回收，以及有时由于杠杆效应的影响，使得封闭式基金的普通股价格不如开放式基金的普通股价格稳定，它们的价格就如同一个商业性公司的股票价格一样，其单股资产价值与市场价值之间存在着一个显著的离差。封闭式基金的价格可以利用普通股票的价格决定公式进行。

投资锦言

封闭式基金的价格波动还会受到投资者情绪的影响，“投资者情绪理论”可以较好地解释中国封闭式基金的价格波动。

封闭式基金优势凸显

与开放式基金相比，目前封闭式基金处于整理之际，逢低购买一些具有封转开预期的封闭式基金是不错的选择。

（1）与开放式基金相比，目前的封闭式基金价格还是普遍大幅低于其净值的。封闭式基金仍存在10%~30%左右的折价率，相当于较高的投资安全边际。在二级市场上会出现折价溢价交易的现象，为投资者提供了赚取差价的可能。

（2）净值增长有利于基金长期业绩的提高。封闭式基金由于份额固定，基金经理没有赎回压力，投资者完全可以根据预先设定的投资计划进行长期投资和全额投资，并将基金资产投资于流动性相对较弱的证券上，这在一定程度上有利于基金长期业绩的提高。

（3）相对开放式基金，封闭式基金的交易成本要低很多，可以像股票一样交易买卖。如果对大盘后市看空，可迅速抛出，且到账时间快。

（4）折价下的分红。封闭式基金虽然不能中途赎回，但是却经常中途分红，并且是现金分红的方式。当封闭式基金分红的时候，相当于给投资者继续折价买入的机会。当市场下跌的时候，折价率和分红提供了厚厚的安全垫，比投资者按照基金净值买入该基金风险要小很多。当然，折价买入封闭式基金并非绝对安全。

（5）投资封闭式基金在享受其折价收益的同时，也可在封转开后继续持有，可节省开放式基金的申购费。

一般来说，旗下开放式基金规模占主导地位的基金公司，在封闭式基金分红上比较好，可以给予良好预期。

投资锦言

市场持续火爆带来的大量申购，导致开放式基金产生明显的助涨作用。与助涨作用的逻辑类似，在下跌市中，会出现越跌越赎、越赎越跌的情况，开放式基金的助跌作用也异常明显。

开放式基金这种助涨助跌的特点对市场会产生比较消极的影响，对市场的稳定运行极其不利。正是基于此点认识，作为一种稳定的金融投资工具，封闭式基金可以避免开放式基金的大进大出以及随之而来的市场波动。

调整市中，封闭式基金更值得信赖和期待

由于市场震荡明显加剧，基金表现也出现明显分化，净值表现明显趋弱，在部分基金表现出色的同时，很多基金出现了净值负增长。其中股票类开放式基金由于受到市场调整和赎回压力的影响，净值表现明显不如前期。相比股票型开放式基金而言，封闭式基金的表现则稳定出色得多。

开放式股票型基金与封闭式基金的表现之所以出现如此大的差别，缘于开放式基金的自身特点——投资者可以随时进行申购和赎回，在市场经过较大涨幅后，调整压力逐步显现，投资者也是基于对市场走势的担心，致使开放式基金的赎回压力剧增，开放式基金的净值表现也因此受到了很大的影响，很多时候都是在赎回压力下卖出股票，使其净值表现受到了拖累，同时也对市场产生较大的冲击。

调整市中，封闭式基金的市场表现要强于市场指数的表现，这一方面与其份额固定不能进行赎回的自身特点有关，另一方面是封闭式基金大规模分红的预期、股指期货的预期套利空间、提前封转开的预期等众多利好因素支撑封闭式基金的强势表现。

市场维持震荡调整的格局，会导致封闭式基金的市场价格表现趋弱，封闭式基金折价水平短期内可能还会继续回升。但封闭式基金的长期利好预期一般不会有变化，长期内封闭式基金折价率持续向下修正，折价率将不断减小的趋势不会变化。短期内封闭式基金折价率的回升将给投资者提供更好的投资机会，也就是说，市场的调整孕育着更大的投资机会。调整市中，封闭式基金更值得信赖和期待。

投资锦言

投资者投资封闭式基金时要注意以下两点：一是其仍具有较高的折价

率，二是具有高分红预期的高净值，三是提前封转开意愿强的管理规模较大的基金公司管理的封闭式基金，四是市场近期表现较好。

买卖封闭式基金如何办手续

封闭式基金的基金单位像普通上市公司的股票一样在证券交易市场挂牌交易。因此，与买卖股票一样，买卖封闭式基金的第一步就是到证券营业部开户，其中包括基金账户和资金账户（也就是所谓的保证金账户）。

如果是以个人身份开户，则必须出具身份证或是军官证；如果是以公司或企业的身份开户，则必须出具公司的营业执照副本、法人证明书、法人授权委托书和经办人身份证。

在开始买卖封闭式基金之前，必须在已经与你所选定的证券商联网的银行存入现金，然后到证券营业部将存折里的钱转到你的保证金账户里。在这之后，可以通过证券营业部委托申报或通过无形报盘、电话委托申报买入和卖出基金单位。

投资锦言

必须注意的是，如果已有股票账户，无须另外开立基金账户，原有的股票账户可以用于买卖封闭式基金。但基金账户却不可以用来买卖股票，只能用来买卖基金和国债。

买卖封闭式基金如何收费？

目前，基金投资者买卖封闭式基金涉及的费用仅佣金一项。佣金的金额不超过买卖成交金额的0.3%，起点为5元，由投资者交证券商。佣金双向收取。

通过场内购买开放式基金遵照基金合同的相关约定。

投资锦言

一般而言，买卖封闭式基金的费用要高于开放式基金。

封闭式基金的投资策略

封闭式基金普遍坚持价值投资策略，多数基金重仓的都是一些传统行业中的龙头股，将使基金重仓股具有长远的发展空间，有助于提升基金的整体业绩和净值。投资风格较为稳健的投资者，不妨考虑基金价格严重背离其价值的封闭式基金。

投资者在投资封闭式基金时，可以参考以下投资策略：

（1）适当关注封闭式基金的分红潜力，关注基金单位净值是否超过了面值，是否已经具备分红的实力。

（2）注意选择折价率较大的基金，因为封闭转开放以及沪深 300 股指期货开始交易以后，基金的价格将向其价值回归。基金的投资收益率将在很大程度上取决于其折价率，折价率越大，基金价值回归的空间也越大。

（3）注意选择小盘封闭式基金，特别是要注意小盘封闭式基金的持有人的结构和十大持有人所占的份额，如果基金的流通市值非常小，而且持有人非常分散，则极有可能出现部分主力为了争夺提议表决权进行大肆收购，导致基金价格出现急速回升，从而为投资者带来短线快速盈利的机会。

（4）关注基金重仓股的市场表现和股市未来发展趋势。同样是因为封闭转开放及沪深 300 股指期货开始交易以后，基金的价格将向其价值回归的原因。所以，基金的未来涨升空间将和基金重仓股的市场表现存在一定关联，如果未来市场行情发展趋势向好，基金重仓股涨势良好，将使得基金更具有投资价值。

投资封闭式基金要克服暴利思维，如果基金出现快速上涨行情，要注意获利了结。按照目前的折价率计算，如果封闭转开放的话，其未来的理论上升空间应该在22%~30%，当基金上涨幅度过大，接近或达到理论涨幅时，投资者要注意获利了结。

投资锦言

从控制风险角度出发，投资者要密切关注股市与债市行情的发展变化，如果股市行情走好，会带动基金的净值有继续增长的可能，中国股市的长期向好是一种必然趋势，所以基金长期平缓上涨的方向是必然的。值得注意的是，基金价格的变动往往滞后于基金净值的变动，因此，对于封闭式基金的投资要采用长线为主的方式，并且要保持必要的耐心。

购买封闭式基金的技巧

购买封闭式基金要有长远眼光。从目前来说，“封转开”是封闭式基金最大的题材。由于封闭式基金的交易价格和净值之间存在较大折价，因此封转开理论上存在较大套利空间。

投资者购买封闭式基金基本上都是奔着封转开这一题材而来的，或通过市场对这个题材的炒作赚取差价，或等其封转开时套现赚取收益。但当投资者把目光都集中在“封转开”上时，封闭式基金还值得投资吗？这确实是一个需要认真思考的问题。事实上，作为中线投资机会，购买封闭式基金将是相当不错的，但这需要讲究投资技巧。

所以，如果只关注短期利益购买基金兴业，6%的折价率不仅不能保证投资者届时有钱可赚，相反还丢失了其他赚钱机会。而折价率在40%以上的一些大盘基金，其距离到期还有五六年甚至七八年，不仅投资者难有这样的耐心，而且这中间的不确定性也很多，投资者同样不宜长期持有。

据此，我们可以大胆推测，购买存续期在 1 年左右的封闭式基金是比较合适的。目前这类基金的折价率在 20% 左右。如果股市能够在这一年之中保持相对稳定或稳中有升，则投资者至少可以赚取 20% 左右的无风险收益，这样的收益率还是很可观的。退一步讲，就算大盘下跌了 20%，投资者通过购买封闭式基金也相当于回避了股市下跌的风险，这也是一件很不错的事情。

投资锦言

封闭式基金“封转开”的时候，将会产生投资机会。在实施封转开以前，一般都会有一个停牌复牌的过程，基金价格往往会飞涨以消除折价率。已经封转开的基金都在这个过程中出现暴涨，折价率也迅速归零。净值回归、折价归零，这就是封转开带来的投资机会。

封闭式基金封转开如何应对？

老式封闭式基金的封闭期一般为 15 年，新式封闭基金的封闭期一般在 5 年以上。封转开基金持有人做好以下四方面准备：

1. 投资理念应进行及时的调整和转变

封闭式基金采取的是类似于股票的交易方式，这对于操作封闭式基金的投资者来说，已经习以为常。而转为开放式基金后，交易方式将发生重大改变。除非不转为 LOF、ETF 等交易型基金，封闭式基金长期以来的场内连续竞价交易将转变为场外的申购、赎回交易，动态的适时行情将消除，投资者的市场交易氛围将趋淡，一直的投资风格和习惯将由此而被打破，跟随证券市场投资气氛而动，采取“高抛低吸”的操作手法将不再灵验。这些都需要封闭式基金持有人正视和面对，并积极进行投资理念和投资策略的调整。

2. 适应“封转开”后的市场环境

实施“封转开”，只是基金的运作形式和交易模式发生了变化，但基金本身的运作状况并不随之发生根本性变化，对基金运作业绩的影响也有限。因此，担心“封转开”后基金的业绩发生根本性变化也大可不必。重要的是，投资者应当从过去封闭式基金的市场环境中走出来，走进场外的交易环境，并尽快适应这种环境。

3. 购买开放式基金，为“封转开”做投资预热和铺垫

对于没有涉足或对开放式基金不熟知的投资者，特别是对开放式基金的交易流程一知半解或模糊不清的投资者，应尽快进行投资和购买开放式基金的学习、研究和演练，从而做好迎接“封转开”实战的心理准备，避免到期投资时手足无措。

4. 选择渠道商

实行“封转开”，封闭式基金的交易方式将由场内市场转为场外市场。原来分布券商营业部的封闭式基金持有人，将面临新的交易渠道的选择问题。由于目前还有众多的券商不具备开放式基金代销资格，还有券商没有与管理封闭式基金的基金管理人签订开放式基金的代销协议，这就迫使投资者进行渠道的被动性选择。对于习惯于在券商营业部进行封闭式基金投资和交易的投资者，应当及时根据“封转开”的实施进度和相关的流程安排，进行客户手续的转移工作。

投资锦言

从世界基金的发展进程来看，开放式基金是绝对主流，国内现有的封闭式基金必有很多最终会转化为开放式基金，这一点还需要投资者做好心理准备。

封闭式基金会“隐藏”可分配收益吗?

在每一个会计年度结束后，一些封闭式基金的投资者都会有点急：怎么盼了那么久，封闭式基金分红潮犹如一点毛毛雨？都说封闭式基金可分配收益很多，这可分配收益到底指什么？上年净值增长高是不是代表可分配收益多？基金公司会不会“隐藏”可分配收益呢？

基金可分配收益，是指在某一时点上基金可实际用于向投资者分配的收益，这并不代表基金净值增长水平。投资者投资股票 10000 元，算 1 万份，经过半年操作后浮盈达 5000 元，每份资产净值就是 1.5 元。如不变现，投资者的可分配收益仍为 0。把 5000 元落袋为安了，但是如果半年前这 10000 元投资股票还发生了 2000 元亏损，那么实际上投资者的可分配收益就是 5000-2000=3000（元）。

了解了这个原理，再来看可分配收益会否被“隐藏”，就较容易想明白了。从基金角度讲，看好后市，或看好手中的重仓股票，不愿兑现收益，这是理智的，也是对投资人负责的态度。这也是有时候我们看上半年某封闭式基金可分配收益达 6 角钱，下半年赚了更多，但可分配收益并没有涨太多的原因之一，说明基金管理人手中的股票没有兑现。但问题在于，我们很难判断基金管理人是单纯出于市场判断角度，还是出于保持规模收取管理费的角度来作出是否分红的决定。从现实的情况来看，后者的影响也不小。

不过一旦确定了年度可分配收益，管理人想隐藏也不行。按相关规定，封闭式基金必须对年度可分配收益的 90% 以上采取现金分红方式进行分配，且必须在会计年度结束的 4 个月内完成。

投资锦言

由于股市正在进入全面活跃阶段，各类品种轮流活跃，使得封闭式基金的净值有望继续上升，这将使基金后续可分配收益进一步增加。投资者要审时度势，选择适宜的封闭式投资基金。

[案例]投资封放式基金也能赚大钱

何女士在国内一家著名广告公司工作，每月薪水很高。2020年3月16日，她本打算购买净值为2.3719元一只的开放式基金，忽略交易成本的话，投资成本为2.3719元/份。后来她听了一朋友的建议，最终决定购买当日折价率最大的A封闭式基金，忽略交易成本，她可以从二级市场上以1.544元的收盘价买入，而当日该基金的净值也是2.3719元，也就是说，其资产与成本相比的溢价为：（2.3719–1.544）/2.3719×100%=34.9045%。

就以上两种投资方案比较而言，何女士如果将这两只基金都持有到A基金到期日，由于封闭式基金在到期时普遍会转为开放式基金，届时两只基金均会按净值赎回，假设期间两只基金的净值都没有任何增长，开放式基金依旧按2.3719元赎回，忽略交易成本，她的收益为0，而A基金按2.3719元赎回，她的收益率则为（2.3719–1.544）/1.544×100%=53.6205%。

[案例]股市大跌，封闭式基金成为避风港

2021年2月18日下午2点半，离收盘还有30分钟的时候，葛先生将股票仓位斩掉一半，连同未入市的资金，一起投入了两只封闭式基金。

“前阵子，一位做私募的朋友跟我提起封闭式基金，他觉得现在指数有继续攀升的可能，如果套现出来，一旦踏空其滋味很难受；但是指数涨得的确有点太高了，必须找到一个相对安全的避风港，防御可能的下跌。”葛先生当时对此言没有在意，他手上的一些题材股涨势凶猛，似乎没有任何回调的迹象。

2月22日股市大幅下挫。严酷的现实让葛先生想起了朋友的提醒。“当时他给我推荐了两只封闭式基金，一是A基金，一是B基金。”葛先生说。

A基金在封闭式基金中业绩并不算突出。2月26日，上证指数在早盘的迅速下跌之后转而走稳，并上攻。封闭式基金也随之开始了反弹行情。至收

市，A 基金涨停，而 B 基金涨幅也接近 4.5%。“18 日买封闭式基金，原本只是觉得比较安全，确实也没预料到这么快就绝地反击了。”两只封基 2 月 26 日带来的盈利，基本弥补了葛先生 2 月 18 日遭受的损失。

第7章　高抛低吸赚差价——基金的买进和卖出技巧

基民的投资过程最为关键的就是基金的买进和卖出。而基金的买卖在操作过程中有很多学问。

掌握基金买卖的基本原则

投资者在选择基金买卖时，应该把握以下基本原则，捕捉有利时机：

1. 不在急升后入市或跌后赎回

基金如其他投资工具一样，价格会时常出现上下波动，一只长期上升的基金，往往有下跌的可能，若投资者此时买入，可能会面对投资账面的损失。而某只持续下跌的基金，若在此刻赎回，只会由账面的损失转化为实质的损失。

2. 掌握基金走势规律

基金以投资于其他投资工具为主，如股票、债券，这些工具的升跌、升顶、回调及摸底等过程，只是其中每个环节时间长短不同而已。因此，基金价格的走势某种程度上也可能会出现循环波浪。而基金的价格往往与相关指标走势相近，不少基金，特别是股票基金的基金经理更依据指标做出个股的投资细则，投资者只要预测到指标走势，也可相应预测到基金价格的趋向，然后找到最合适的买卖时机。

3. 以基本因素分析为主，图表技术分析为辅

买卖股票、外汇、黄金、期货的投资者，以图表走势作技术分析，来决定投资策略十分普遍。由于越来越多的人采用此投资分析方法，准确程度也越来越高；但由于基金价格的走势往往是变动不大的，不会出现急升或急跌，而基金由于具有分散投资风险的特征，很多时候短期波动会被抵消，因此，投资者在判断买卖基金时机时，较宜侧重于基本因素的分析，而各种技术分析只能作为辅助工具。

投资锦言

对购买投资基金而言，用长远的眼光来看待投资与短期判断市场相比更

为有效。因为在短期内精确地判断市场是一件非常困难的事情。如果投资者的投资额比较大，而且是长期投资，建议分批购买。因为经验证明，对长期投资而言，购买时机的选择基本不会影响投资收益率。

脉准基金买进时机

基金投资最为关键的一点就在于选择购买的时机。俗话说，买得好不如买得巧。基金作为一种专家理财产品，投资时机的选择是非常重要的。投资者在不恰当的时点选择了基金，不但会增大投资的成本，还会导致套牢的风险。即便在牛市行情中，基金投资也需要结合市场的震荡调整做出应对之策。一般情况下，基民在把握购买基金的时机时需注意以下几点：

1. 根据经济发展周期判断买入时点

股市是经济的晴雨表，如果股票市场是有效的，股市表现的好坏大致反映了经济发展的景气状况。经济发展具有周期性循环的特征，一个经济周期包括经济衰退、复苏、扩张、过热几个阶段。一般来说，在经济周期衰退至谷底，至逐渐复苏到有所扩展阶段，投资股票型基金最为合适。当明确锁定经济处于景气的谷底阶段，应该提高债券基金、货币基金等低风险基金的投资比重，如果经济处于发展的复苏阶段，应加大股票基金的投资比重。当经济发展逐渐衰落时，要逐步获利了结，转换加大稳健收益类的基金产品。

2. 把握好保本型基金短期申购开放的时机

不是每只基金都会进行正常的申购和赎回，特别是对于保本型基金，由于有避险期的规定，为了保证基金管理人管理和运作基金业绩的稳定，防止因基民频繁的申购和赎回而影响基金投资品种仓位的稳定性和收益的持续增长性，因此，保本型基金都会在合适的时机进行短期的申购开放，这对于基民来讲是购买基金的最佳时机，不容错过。

3. 不应错过低成本购买时机

为了应对基民的基金净值"恐高症"，部分基金管理人会对历史运作时间较长而净值增长潜力较大的老基金实施大比例分红，从而使其净值回到面值附近，这为想以较低成本购买绩优老基金的基民创造了极佳的投资机会。尽管进行持续营销的基金会面临一定的市场冲击成本和交易成本，但对于管理和运作能力较强的基金管理人来讲，其强大的投研团队和运作模式，使其在基金投资管理中拥有非常明显的优势地位。

4. 基金平均首发规模可作为判断买入时机的一个好指标

根据"分析家"系统的研究发现，当发行基金的平均首发规模在20亿以下时，往往就是较好的买入时机；而平均在40亿以上，则往往是见顶的时候。

5. 把握住震荡市买绩优老基金和低迷市购买新基金的时机

一只基金到底是不是具有投资价值，除了基金管理人的管理和运作能力之外，与证券市场的变化也有着密不可分的关系。震荡市会导致基金净值的随之下降，从而为基民购买基金创造了低成本介入的机会。而低迷市发行新基金，会使基金管理人摊低购买成本，也利于在封闭期结束后，使基民能够获得较为稳定的溢价收益。

6. 基金经理人的变动也会给基民购买基金创造机会

尽管某只基金均有其自身的投资特点和组合配置规律，但不同的基金经理，在其管理和运作基金的过程中，也会有一定的个性化操作策略。基金经理变动，必然会引起基金投资风格的改变。摒弃原基金经理的投资思路和策略，而采纳和运用新任基金经理的投资思路和策略。这种转变是全方位的，而多数情况下意味着向好的方向变动。

7. 注意基金营销的优惠活动，节省交易费用

目前，基金公司在首发募集或者持续营销活动期间，为了吸引投资者，通常采用一些购买优惠活动。尤其要注意在持续营销活动中，基金公司一般选择业绩优良的基金，投资这些基金通常比较安全。

投资锦言

要把握基金买进时机，还需要了解基金募集的热度。股市中的一个屡试不爽的道理就是行情在情绪乐观高涨中结束，在悲观中展开。当平时不买股票的人开始谈论股票获利的可能性，当买卖股票成为全民运动时，距离股市的高点就为时不远了。相反，当散户们纷纷退出市场，市场就要开始反弹了。其实，判断市场的冷与热，从基金募集的情形就可以窥见一斑。经验显示，募集很好的基金通常业绩不佳，募集冷清的基金收益率反而比较高。这是因为投资人总是勇于追涨杀跌，怯于逢低介入。

脉准基金卖出时机

股市中有句老话，“会买是徒弟，会卖是师傅”，这说明作为基金投资的重要一环，卖出的难度和重要性。不过基金出售时机的把握没有卖股票那么难，如果投资者能把握住下面几个时机，还是能保证收益的。

1. 投资目标发生改变时

每个人的投资都基于实现财务目标，因此当目标变化时，投资也要相应调整。例如，你本来考虑在未来五年购置房产，因此将暂时闲置的资金购买了债券基金。但是现在你结婚了并且配偶拥有房产，所以你打算将一笔钱用于退休后养老。这样，你就可以卖掉债券基金，买入股票基金，因为用钱的时间向后推延了。

一般来说，随着实现财务目标时间的临近，债券应该在基金的投资组合中占更多的比重，因为其波动性小，从而基金净值波动比较小，所以即使你在短期内卖掉基金，也不会因净值有太大的下跌而承受损失。

2. 需要改变资产配置时

随着时间的变化，投资组合会发生变化，一般年龄越大，投资越趋保守。有时候资产配置的变化仅仅意味着把增量资金投入新的选择。有时候则意味着出售部分或全部基金，而把钱投入其他资产类型。

即使你的投资目标依旧而且资产配置计划也没有改变，有时候还是需要对投资组合略作调整以坚持投资的初衷。例如，你的股票基金在既定年度内整体表现不佳，那么需要卖掉其中业绩落后的基金以重新寻求平衡。

3. 当初对基本面有误解

如同买了衣服不合适可以退还，投资有时候也需要“退货”。例如，你当初可能认识不足，挑选了看似投资风格稳健、偏好蓝筹股的基金。但事实并非如此，该基金投资激进，持有大量高科技股票，业绩大幅波动。这时候，与其一厢情愿等待基金经理回头关注蓝筹股，不如将其转换成其他基金。

4. 基金改变投资策略和使命时

倘若你买进小盘价值型基金是为了增加个人投资组合中小盘价值型股票的头寸。但是基金经理后来不断增加大盘价值型股票的仓位，导致最终你的个人投资组合中有大量大盘价值型股票的头寸。这时，需要卖掉一部分大盘价值型基金并换成其他基金，从而保持最初对投资组合的设计。

基金公司的持有对象和目标有时会发生变化，基金公司做出这类改变时并不需要专门通知基金持有人，虽然你有时可以从基金的招募说明书中发现一些线索。有些基金经理会做出细微改变，将投资组合转向热点板块。也有一些基金经理会在做高风险投资或转向新的资产类型时先征得投资者的同意。无论是哪种情况，当基金的资金投向你不认同的渠道时，就可以考虑退出这只基金。

5. 基金相对于同类基金表现欠佳时

发生损失或升值极慢的确是令人头痛的事。一只基金表现不佳很可能是由于它投资的那类资产整体表现不良。如果你发现由于这只基金投资的整类资产的表现均不好，不妨卖掉这只基金，换一只其他类型的基金试试。如果你有长期持有的打算，就需要将它与同类基金做比较，看看它的表现是否落后于同类。要找出这只基金表现落后于同类基金的原因。对持续表现不佳的基金应该持有多久，专家有不同的观点，一般认为 18 个月到 3 年。有些明星基金经理采取长线的投资策略，有时候他们的表现会落后于整个市场，你放弃这只基金的时候，可能正是他们的投资战略快要发挥作用之时。所以在这只基金还没有让你无法忍受之前，最好多持有一段时间。

6. 基金规模扩张过快时

因为这常常会导致基金战略和宗旨的改变。能掌管小基金的优秀经理未必有能力掌管好大型基金。一家基金公司出色的经营业绩经常会引来更多的资金，这时就有可能导致基金管理的失控，或基金战略和宗旨的变化。如果你持有的基金发生了这种情况，不妨先退出观望一下，然后再决定是否买入这一基金。

7. 业绩表现不符合预期时

尽管从长期投资考虑，你的基金一年业绩表现欠佳并不是大问题，但如果连续两三年都是如此，就另当别论了。在卖出基金之前，必须将基金表现与业绩基准进行对比，从而确认其是否真的没有达到预期。

有时候，基金表现好得出乎意料，也要考虑将其卖掉、落袋为安。因为过高的业绩背后往往隐藏了较高的风险。

8. 基金经理更换时

基金经理的更换应该引起你足够的重视。事实上，在很多情况下明星基金经理的退出并不会影响基金业绩。所以不用一出现基金经理的更换就急于卖出基金。但你仍需要仔细观察管理层变动是否会导致基金经营风格的变化。另一个值得警惕的问题是基金管理公司被出售。尽管基金公司的合并往往会增加研发力量，但如果基金不符合新的母公司的风格，冲突将会发生。被收购的基金公司会对类似的基金进行合并，从而导致合并后的基金不是你当初想买入的基金的情况。

投资锦言

投资基金，选择合适的时机买入固然很重要，但是选择时机赎回，实现收益才是最重要的。否则，只会落得一时的纸上富贵，到头来还是竹篮打水一场空，空欢喜一场。

牛市如何买基金

牛市是每个投资者所乐见的，但并不是每个投资者在牛市都能赚到钱。那么牛市中如何买基金呢？

1. 震荡牛市中买混合型基金

一般而言，牛市中应该投资股票和偏股型基金，适当回避债券和货币型基金；但当牛市处于震荡中，则应选择偏股型混合型基金。如此既能分享牛市上涨带来的成果，又能理性规避投资风险。

混合型基金多采用股债均衡投资的方式，相对于纯股票型基金具有资产配置灵活、有效规避股市风险的优点。市场震荡行情逐渐加剧时，在相同风险水平下，混合型基金的收益回报要高于股票型基金。此外，在市场宽幅震荡的情况下，混合型基金所受影响也要小于股票型基金。对广大投资人来说，基金投资“稳健才能行远”，昙花一现的增长或许能够带来暂时的狂喜，但只有细水长流的回报累积才能带来真正的富足。因此，在股指冲高、震荡加剧时，广大基民不妨考虑挑选“进可攻、退可守”的平衡型基金，并且坚持长期持有。

2. 买绩优白马基金

在股市摸爬滚打多年的投资者一般会有一种惯性思维，那就是在一轮行情启动后去寻找那些还未涨起来的股票，不追涨，在低价股票中“寻宝”。这是一种典型的熊市思维，同时也是普涨普跌时代的产物。事实上，基金不同于股票，前期的高额收益亦不是“高处之寒”，仅仅是对基金管理人投资管理能力的验证和肯定。对基金业绩的长期跟踪研究表明，虽然基金的过去表现并不必然与基金的未来表现相关，但前期业绩表现良好的基金在未来表现良好的概率要大。

在目前这种良好的市场态势中，投资风格积极、持股集中度高、重仓股潜力大的中小盘绩优白马基金是我们首要推荐的目标。

3. 买指数基金

牛市更要买指数基金，道理极为简单：主动投资的基金对市场热点的把握很难做到次次准确，反而以指数为投资标的的被动型基金更具优势。

目前，尽管行情出现盘整态势，市场仍然保持乐观情绪，而且短期的强势调整更有利于长期牛市的确立。因此，无论你偏好中短线的波段操作，还是着眼于长期投资，现在都是投资指数基金的时候。

市场上的指数基金很多，投资者该如何选择呢?

（1）选指数基金开发和管理能力强的基金公司。指数基金尽管属于被动投资，但选择指数标的、降低跟踪误差、减少交易操作等，仍需要基金管理公司有较强的管理能力。

（2）选所跟踪指数表现优越的基金。指数基金的业绩表现取决于它所选择标的指数。所以投资者首先需要评估现有指数的市场品质。

（3）选跟踪误差小的基金。评价指数型基金及其基金经理，不能过分看重短期业绩，而应将跟踪误差当作重要指标。某指数基金取得超出跟踪指数20%的业绩，实际只能算是一只主动性股票基金，而不能被看作被动性指数基金。只有既能较好地控制跟踪误差范围又能取得超越标的指数业绩当属优秀的指数基金。

（4）选分红回报能力强的基金。尽管从长期来看指数总是上涨的，但指数不可能总是上涨，牛短熊长是证券市场的规律之一。指数基金的被动性投资特性似乎让它无法主动规避市场风险。其实不然。通过在市场高位兑现盈利进行分红，指数基金可有效减少熊市阶段所遭受的损失。同时，选择一只分红纪录良好的指数基金，也有助于改善持有人的现金流状况，满足持有人落袋为安的要求。

投资锦言

牛市，即便是一个“牛魔王”，也可能喜怒不定，有时甚至会变成一只猴子，上蹿下跳，搅得大家心神不定。

在这种震荡的牛市下，基民们实现利益最大化至少应有如下基金策略：

1. 有一个好心态

投资往往拼的是一种心态和心理素质，基金理财也是如此。基民们至少要具备两种心态：一要“戒躁”，心态要平和，面对行情中时而蹿出的猴子，要保持一种内心的定力，不可乱了方寸；二要“戒贪”，基金是“理财”，不是“发财”，如去年般买一只“鸡”养养就可能养成“金鸡”的时代一去不复返了。

2. 避免从众心理

不要大家买什么你就买什么，大家见涨都买，你也跟着买，大家见跌“杀鸡”，你也跟着“杀”，夹在羊群中间随波逐流，常常挨饿的就是你这只羊。

3. 适度波段操作

尤其对于震荡向上的走势，而且震荡的幅度很快且巨大，为了收益更好，在“过山车”式的行情中，适度、适当地选 1~2 只做波段，不失为一种灵活机动的方式。

4. 设定盈利目标

在长期持有的原则下，可以加入目标化操作。设定自己基金的合理收益目标，10%、20% 或 30%，哪只基金收益目标达到，果断变现，落袋为安，而后伺机进入。

5. 留好准备金

尽量不要满仓操作，手中留有 15%~40% 的现金，以做行情变化时的进入筹码。

购买基金如何巧打时间差

随着人们工作、生活节奏的加快，在投资理财中，除了追求稳定收益外，方便快捷并能创造时间价值已经引起投资者的重视。

投资者购买基金的主要目的是省去较多的资产配置时间，通过专家理财来实现既得利益。但人们在实际购买基金时，常常具有时间管理的意识，而缺乏时间管理的方法。主要表现在对基金产品的购买时点、资金组合等缺乏应有的时间观念，不能巧打“时间差”，从而错过了很多获取收益的机会。

1. 认购期和申购期的“时间差”

开放式基金其认购期一般为1个月，而建仓期却需要3个月。从购买到赎回，投资者需要面临一个投资的时间跨度，这为投资者选择申购、赎回时点进行套利，创造了“时间差”。因此，对于偏好风险的投资者来说，只要掌握了股票型基金的建仓特点，就能获取不菲的基金建仓期收益。

2. 前端和后端收费的“时间差”

为了鼓励基金持有人持有基金时间更长，同时增强基金持有人的忠诚度，各家管理公司在基金的后端收费上设置了一定的灵活费率，即随着基金持有人持有基金时间越长而呈现后端收费的递减趋势。

资金量小、无法享受认购期大额资金费率优惠的，不妨选择缴纳后端收费的方式做一次长期价值投资。

3. 价格与净值变动的“时间差”

对于封闭式基金而言，交易价格和净值波动价格是随时变动的，而且交易价格的变动和净值的变动没有一定的波动规律，但在交易价格与基金净值之间却存在一定的联动关系，即封闭式基金的交易价格与净值之间的价差越大，其折价率就越高。这为在交易价格和净值之间套利的投资者提供了“时间差”。

4. 场内与场外转换的“时间差”

在基金的投资品种中，有一种LOF、ETF基金既可以进行场内的正常交易买卖，还可以进行场外的申购、赎回，并存在多种套利机会。研究分析和把握套利时点，对投资购买此类基金是十分重要的。

投资锦言

投资者只要善于把握不同基金产品的特点，捕捉基金产品投资中的机会，就能因巧打“时间差”带来获利机会。

牛市中更宜红利再投资

对投资者来讲，是选择现金好，还是红利再投资好？相信很多投资者拿不定主意。其实，牛市行情更适合采取红利再投资方式。

红利再投资是指基金管理人把应当按入资额多少分给你的钱，继续用来投资，也就是我们常说的“利滚利”。那么红利再投资都有哪些实际的好处呢？

（1）不用再交申购费。对基金管理人来说，红利再投资没有发生现金流出，因此，红利再投资通常是不收申购费用的。

（2）投资更省心。选择红利再投资，投资者不需要办理任何重新申购的手续，账面上自动增加基金份额，十分方便。

（3）能有效地提高资金的利用效率。红利再投资的另一个好处是，当没有时间或其他原因错过了股市行情的机会，能够及时地赶上基金净值快速增长带来的机会。这在股市的牛市行情中表现得尤其突出。

（4）红利再投资还可免缴税。我们知道，银行存款所得的利息需要缴纳20%的利息税，而股票的分红派息也需要缴纳10%的红利税，而基金的优势就在于免缴税，实际分配多少，投资者就可以得到多少。

投资锦言

投资者在利用红利再投资时，有一点需要注意：每只基金在进行分红时都规定了一个权益登记日，在此之前拥有基金份额的投资者才有资格参与基金分红。不在权益登记日之前购买，也不能成为该基金的持有人，肯定是不能享受基金分红的。但基金真正发放红利与权益登记日之间有一定的时间间隔，不是同一天，往往是前一天宣布为权益登记日，后一天是除息日，然后才是红利分配日，也叫派现日，遇节假日还需要顺延。

熊市如何买基金

毋庸质疑，基金发行时点对基金业绩十分重要。牛市带来的赚钱效应被放大得十分明显，投资者排队购买基金的盛况重现街头，百亿基金航母接二连三。这固然可喜，但理性的投资者对这种现象以及大规模基金日后操作都不无忧虑。专家表示，牛市的确可以激发投资人购买基金的冲动，但应该合理引导投资人正确科学的投资观念。投资者在高位申购基金，如果市场接着出现调整，很多基金投资者常常会认赔出局赎回，基金要应对赎回会继续抛售股票，会使市场走势更加恶化。这无论对基金持有人还是基金管理人都是不利的。

在国外，不管市场好坏，一年四季任何时候都是购买基金的好时候，根本不存在国内市场由证券市场好坏导致的所谓“营销淡旺季”之说，因为老百姓一年四季都在买基金，不会因为市场转牛就跟着发疯抢购基金，更不会因为市场调整而赎回，甚至市场不好的时候反而基金规模会上去，因为国外投资者明白调整时购买基金还会更加便宜。

投资者购买基金如果真的要与证券市场走势扯上点什么关系，那就是要做到牛市中买老基金划算，熊市中买新基金划算。对比今年以来新发的几只偏股基金与老基金的收益情况可见，老基金在牛市上升阶段净值增长比新基金快；相反，牛市上升阶段新基金由于建仓成本较高，收益有可能为负值。

在一波平衡市当中，基金净值波动不明显，投资者则要重点选择好的基金管理人，可以选择那些考察了一段时间但当初净值偏高的老基金，在其净值调整时买进。也可以选择管理能力较好的新基金，这个时点入市的新基金建仓成本稍有下降，净值增长也会更快。不管是牛市还是熊市，“反季购买”投基策略无论对市场的正常有序发展还是对管理人、投资人都好处多多，

“牛市追老，熊市追跌”，做到理性投资，才有可能获得超额收益。

投资锦言

假如股票市场总体上呈现的是熊市格局，而投资者又忌讳利率走势对债券型基金不利的话，不如考虑投资于货币市场基金，它的投资方向主要是央行票据。由于央行票据对利率比较敏感，而且期限基本以一年以内的品种居多，当市场预期利率上升时，央行票据利率会率先上升，所以能够有效地规避利率风险。

购买新基金的技巧

新基金不同于老基金，因为成立时间短，基本没有运作历史，一些用于老基金很好的判断方法并不适合新基金。对投资者来说，要想掌握判断新基金的技巧，关键要学会“五看”：

1. 看基金经理是否有基金管理经验

虽然新基金没有历史或者历史较短，但基金经理的从业历史不一定短。投资者可以通过该基金经理以往管理基金的业绩，了解其管理水平的高低。投资者可以从招募说明书、基金公司网站上获取基金经理的有关信息，并对其从业资历进行分析。

2. 看基金公司旗下其他基金的业绩是否优良

如果基金经理没有管理基金的从业经验，投资者是否就无从判断呢？也不是。投资者可以通过新基金所属的基金公司判断这只新基金的前景。如果该基金公司旗下的其他基金过去均表现优异，投资者可以放心购买。

3. 看基金经理的投资理念及其是否与投资组合吻合

了解基金经理的投资理念后，投资者即可大致判断新基金的投资方向。如果新基金已经公布了投资组合，投资者则可进一步考察：一是考察基金实际的投资方向与招募说明书中的陈述是否一致；二是通过基金持有个股的考察，可以对基金未来的风险、收益有一定的了解。

4. 看基金费用水平

新基金费用水平通常比老基金高。许多基金公司会随着基金资产规模增加而逐渐降低费用。投资者可将基金公司旗下老基金的费用水平和同类基金进行横向、纵向比较。同时观察该基金公司以往是否随着基金资产规模的增加逐渐降低费用。需要说明的是，基金的费用水平并不是越低越好，低到不能保证基金的正常运转，最后受害的还是投资者。

5. 看基金公司是否注重投资者利益

投资者将钱交给基金公司，基金公司就有为投资者保值增值的责任。在历史上，基金公司是否充分重视投资者的利益，应成为投资者考察的重点。

投资锦言

掌握了以上“五看”，投资者在购买新基金时就基本不会出错。

如何买卖基金套利

在购买基金过程中，人们总是拿股票投资相比，认为股票投资可以实现资本利差，而基金因为存在较高的申购、赎回费用，普遍被投资者所担心，难以通过买基金而实现套利。其实，每一种投资品都存在一定的投资时间和空间，只要掌握了投资方法，把握了基金买卖的时点，同样可以实现基金的套利计划，取得不错的收益。

1. 封闭式基金的套利

随着第一只封闭式基金到期日的临近，解决封闭式基金的去向，将为投资封闭式基金带来较多的套利机会。目前的封闭式基金价格与净值之间的偏差而产生的高折价率，将为投资封闭式基金带来较大的套利空间。另外，封闭式基金因在二级市场挂牌交易，本身也存在一定的价差套利机会。

2. 跨市场套利

目前已经成功开发的指数基金，既提供了二级市场的交易功能，又提供了场外的申购、赎回功能。投资者除可进行二级市场的价差套利外，还可以进行场内外的跨市场结算，从而达到套利的目的。

3. 开放式基金本身也可套利

开放式基金投资主要是为了取得分红，但在投资过程中，投资者往往因各种情况的变化不得不选择赎回基金。目前，还没有基金抵押贷款业务，投资者赎回基金难免遭受损失。其实，投资者只要留心观察基金净值与相关市场的关联度，也可以把握净值变动的幅度选择基金套利。证券市场发生阶段性市场行情时，投资者只要把握市场行情的节奏，完全可以在行情起动前的时点购买股票型基金，而在行情阶段性见顶时选择赎回（当然，必须计算好申购、赎回费率）。当基金净值的波动幅度所产生的收益足以抵偿申购、赎回费并有较大盈利时，此法才可采用，从而达到开放式基金套利的目的。

4. 模拟套利

基金作为一种专家理财产品，追求的是稳定的收益。因此，选择较好的股票品种，并从股票的上涨中获利，是基金进行科学资产配置的主要目标。投资者购买基金不但要从基金的分红中获利，还应当指导自身的证券市场投资。可用一部分资金跟踪基金的投资品种，并依基金的净值变化作所投资股票的买卖参考，从而实现投资基金的模拟套利。

5. 基金品种之间套利

目前，一家基金管理公司旗下有多种基金产品，而且这些基金品种特点不同，受市场的影响程度也不一样，特别是股票、债券市场等本身就是相反的市场变动。资产配置品种的市场行情不同，决定基金的收益变化不同。但一种基金产品收益提高，也必定有另一种基金产品收益降低。能达到同升同降，除非是基金管理人采取了灵活的资产配置策略，并抓住了某一品种的市场行情和机遇，否则整个市场都变成了同质化。投资者在购买一家基金管理公司旗下的多只基金时，应选择适当时机进行基金之间的巧转换，从而实现基金之间的转换套利。例如在证券市场转暖时，购买货币市场基金的投资者可择机转换成股票型基金，从而获取高于货币市场基金的收益。

6. 政策套利

目前，国内的基金市场还不是很完善，为获取某种基金产品的较高收益，管理层对基金的运作都会采取一定的鼓励和抑制措施，以规避投资者风险。但在风险背后，却为投资者创造了一定的获利机会。例如，央行执行货币政策手段的变化，直接导致了货币市场基金主要投资品种央行票据收益发生变化，从而使货币市场基金的每万份单位收益发生变化，产生套利机会。

投资锦言

对于选择基金产品的投资者来讲，进行短期的套利并不是明智之举，更不是最优选择。因为，更多的投资实践证明，基金的中长期投资所得到的分红远远大于进行短期操作基金的收益。

转换基金，进退自如

在股市上涨的带动下，开放式基金出色的业绩，使得投资者开始关注基金，将基金作为日常理财的工具。越来越多的人希望通过基金打理家庭资产，实现财富自由，但却苦于不知如何操作，无从下手。

由于基金买卖的手续费比较高，如果每次市场行情不好时，投资者都选择赎回基金，等市场行情向好的时候再申购，这样操作无疑会付出很大的投资成本。其实，完全没必要这样操作，现在很多基金公司都为投资者提供了基金转换业务，即在同一家基金公司旗下的不同基金之间进行转换，通常的做法是在高风险的股票型基金与低风险的债券型基金、货币市场基金之间转换。

基金转换是开放式基金所独有的功能。对这种基金转换，基金管理公司一般只收取一定的转换费，金额低于投资者将基金份额赎回再买入另一只基金时支付的赎回费加申购费。

基金转换，把握时机很关键。一般而言，投资者面临以下几种情况时需要进行转换：

（1）投资者所持有的基金已经不能满足其收益率的需求；

（2）投资者不能承受所持有基金的波动风险；

（3）证券市场发生较大波动时，投资者可通过不同风险程度的基金之间的转换回避因市场波动带来的投资风险。

例如，投资者可以在股市波动较大的时候，将手中持有的股票型基金转换为风险低的债券基金或货币市场基金等；在看好股票市场后市的时候，再将手中持有的债券基金或货币市场基金转换成股票型基金或配制型基金，以便充分享受市场上扬带来的收益。

基金公司的基金转换业务为投资者提供了费率优惠。投资者在最初选择基金时，也应该考虑该基金公司旗下的产品线是否全面，可供市场波动时进行基金转换。另外，投资者需注意的是，不同的基金公司的基金转换业务收费方式不同，具体执行基金转换操作时，需咨询基金公司。

显然，对于那些将基金作为两三年甚至更长期限投资工具的投资者，可考虑后端收费模式，而持有基金期限在两年以内的，还是前端收费更合适。

投资锦言

基金转换与买卖一样，并非一件易事，因为涉及一些分析，而且转换比买入更难。因为买入基金只需考虑其前景，但转换则应考虑要转出基金的情况及将转入基金的条件。

一般而言，应尽量避免作出转换，大家可以仔细想一想，或许不转好过转。当然，也不是一味否定转换的需要，但是在作出转换时，应考虑下列问题：

（1）通常我们在作出一个投资决定时，是考虑其未来半年的前景，因为投资基金不比买股票或其他投资项目，基金在1~2个月后才可以有成绩。所以若要有真正的表现，便要等候6个月了。在投资前应考虑该投资地区的中期前景，最重要的是不要自相矛盾。市场可能出于一些原因而调整，但不相干，因为任何有潜质股市的走势都是反复向上的。

（2）小心牵一发而动全身。我们应以整体投资组合来看，而不应单一去看。例如A基金，若持有超过20%，当然要转换一部分，但若持有10%以下，就不必急于转换。持有20%时，跌一半，组合便少了10%，但若是10%，只是损失5%，短期回落，不代表将来也差。

买到基金后投资者应该做些什么？

投资基金不可以做“甩手掌柜”，投资者在购买基金后还需要做以下事情：

1. 经常与基金公司保持联系

投资者在购买基金以后，应与基金公司保持经常的联系，请基金公司来为自己出谋划策，也是投资者购买了开放式基金后应该享受的服务，基金管理公司有责任免费为投资者提供咨询服务。

2. 咨询投资顾问协助投资

大多数投资者并不是分析专家，他们将资金交给基金管理公司就是因为自己缺乏投资方面的知识，也没有时间和精力去做分析工作，所以即使基金定期公布净值和各种报告，投资者也不容易通过这些数据做出分析和判断来指导个人投资。

除了基金管理公司会为投资者配备投资顾问外，随着金融服务市场的细分，也会出现独立的投资顾问专业人士及公司，投资者有什么问题都可以咨询他们，请专家理财，听专家分析，可以使你对资产的运行状况有更清楚的认识。

3. 定期关注基金表现

购买基金后对基金表现不闻不问的做法也是不可取的。基金公司每日都会在监管部门指定的报刊上公布净值，每周各大数据统计公司都会公布一周基金排行榜。另外，基金的中报、年报、基金市场指数及各类基金升降名次也会通过传媒向投资者披露。因此，投资者可以通过传媒了解基金最新的买卖价、净资产值等，通过分析这些资料判断基金的投资价值，例如，可以从支出及平均净资产值的比例及净股息收入与平均净资产值的比例中看出一只基金的内在成本是否很高及其回报率是否可观。

4. 注意基金管理公司的人事变动

基金经理的变动也是影响基金稳定性的因素之一。人们投资基金时，都期望选择一个经营良好、管理严谨、投资目标与本人的投资目标相一致的基金公司。在整个过程中，基金经理的作用是独特的，因此，如在投资者准备购买该基金时恰逢其基金经理有重大变动，那么我们还是建议投资者先看看结局如何再作定夺。

5. 定期检查自己的投资成绩并及时调整

虽然证券投资基金属于一种中长期投资品种，但是投资者应结合自己的资金状况和投资收益目标的获利点和止损点，并了解投资基金的经营变动情况和市场上优秀基金的业绩表现，调整自己的投资组合，选择适当的时机从表现不好的或有不好趋势的基金中退出，买入更有潜力的基金。

投资锦言

虽然基金属于一种长期投资品种，但投资者需要注意，长期投资并不等于把钱交给基金公司后就等着基金公司分红。买入基金后，投资者需要做的事情还有很多，绝不可做“甩手掌柜”。

[案例]股基转换股基：可省股票基金申购费

张先生在 2020 年 3 月 1 日申购了 10 万份 A 基金，2020 年 9 月 1 日决定将其转换为 B 基金，当日，A 基金的净值为 1.8613 元。如果先赎回 A 基金，再申购 B 基金，张先生需支付的费用为：赎回费＝ 100000 × 1.8613 × 0.35% ＝ 651.45（元），申购费＝（100000 × 1.8613−651.45）× 1.5% ＝ 2782.18（元），

共计：651.45 + 2782.18 = 3433.63（元）。

如果直接转换，由于两只基金的申购费相同，张先生只需支付A基金的赎回费，即 100000 × 1.8613 × 0.35% = 651.45（元）。

转换建议：不难看出，股票基金互相转换可省一部分申购费用。通常，适用于原有股票基金获利已达满足点，希望通过调整投资组合进一步获利；或原有股票基金跌至所设定的止损点，不愿认赔赎回，可转换成其他具有潜力的股票基金或表现更稳健的平衡型基金，使投资组合布局更均衡。

从目前的情况来看，看好中长期市场者，将仓位较高的纯股票基金转为更稳健的平衡基金，在适当避险的前提下，又不会错过市场反弹的机会。

[案例]买基金千万别当“甩手掌柜”

最近，机关干部王先生很沮丧，因为他年初买的A基金周期基金今年一季度收益仅为2.49%，远远不及大盘19.51%的涨幅。

而且，近期多次听到一些“赚了指数不赚钱”的新基民抱怨，大盘走得那么好，看着自己买的基金几乎原地踏步，实在着急。

在大多数人的印象中，基金是长期投资的品种，那么是不是说长期投资就是一味死守、被动地持有待涨呢？基金投资能否变“被动”为“主动”呢？答案是肯定的。

“甩手掌柜”不可取。尽管基金是一个长线投资品种，但并不是说投资者持有待涨就万事大吉了。由于市场趋势在变化，持有的基金并非一直能够顺应市场，因此投资者要根据市场热点和基金特点灵活掌握。

业绩最好的基金与最差的基金收益可以相差20倍。相当多的基金跑输大盘指数。假如持有的是一只滞涨的基金，损失的不仅是投资机会，还有时间成本。所以，一味死守一只净值增长缓慢的基金并不可取。

业内人士认为，由于国外大机构价值投资理念在多年的磨炼中已经成熟，采取的是超长期投资理念，获得的是长期的资本增值。但是在新兴市场我国股市中，即使是机构投资者也鲜有长期投资的，因为市场热点转换太快，不然，基金也就不会出现机构调仓的现象了。

因此，对投资者来说，了解投资基金的经营变动情况和市场上优秀基金的业绩表现，定期检查投资收益，根据市场的节奏变化及时转换手中的基金，十分必要，“甩手掌柜”式的不管不问策略是不可取的。

第8章　多点夺金铸金基
——基金组合投资策略

对于投资者来说，安全并获得较高收益的方法就是构建属于自己的投资组合，因此，投资者要学会当好构建基金组合的建筑师。

组合投资，分散风险

基金市场在经过了2020年的火爆异常后，2021年再度掀起购买热潮，鉴于基金收益高、风险低、精力省等优点，许多人加入基民大军。目前市场上的投资理财工具也越来越多，从积极型到保守型，一应俱全。但是，广大基民仍然处于基金投资的初级阶段，很多基民持有十几只基金，却不知如何取舍。其实，这时需要进行适当的基金组合，通过巧妙的基金组合构建完美投资，以充分发挥多元化效益，将投资风险分散。因此，投资基金应当高度重视基金投资组合的价值。

一方面，构建投资组合可以分散不同基金的投资风险，通俗地讲，就是不能把鸡蛋放在同一个篮子里。基民不应把资金全部投到一只基金上，这样的风险较大。如许多资金都投资到特定行业或特定概念的基金上了，这些特定行业或特定概念的基金共有的不可化解的系统性风险，对于其他行业或概念而言又是可以化解的非系统性风险，所以进行适当的组合可以起到互相抵消的作用，分散各自的风险，使基金的收益更加有保证。

另一方面，构建基金组合还能分散时机的风险。从国外的经验来看，几乎没有一只基金可以把一个很高的净值增长率长期保持下去。即便是最优秀的基金经理，也总会有感到茫然的时候。如此看来，好的基金也未必任何时候投资都是恰当的，根据市场行情追加的资金可以加到最合适的基金上，以改变原有组合的比例关系，在一定程度上间接化解投资时机把握不好带来的风险。从货币型基金到股票型基金，随着股票比例的递增，收益和风险同步递增。根据股票市场的走势，应该对股票型基金在基金组合中的比例作相应的调整。

可见，基金经理一方面可以通过组合投资的方法来减少系统风险，另一方面可以通过各种风险管理措施来对基金投资的系统风险进行对冲，从而有效降低投资风险。而中小投资者由于资金量和专业知识方面的欠缺，很难做到组合投资。因此，从这一点来说，基金非常适合平时工作繁忙又不具备相关金融投资知识的中小投资者进行投资理财。

投资锦言

投资者可以将个人投资分成两部分来设计：

第一部分侧重收益，投资于股票型基金或混合型基金。

我国现有的侧重于收益的基金包括混合型基金和配置型基金，都是相对收益型基金，其投资目标通常是打败某一相对业绩标准（比如，某单位基金票指数或股票指数和债券指数的复合指数），其投资和风险控制都围绕这个相对业绩标准进行，所以，各类投资的比重要根据自身具体情况而定，配置于第一部分的资产比重主要取决于个人风险偏好和理财目标，如果能够承受一定风险且短期内无较大资金支出计划的，则可提高该部分的配置，但建议该部分比重不要超过50%。

第二部分则侧重安全，投资于货币市场基金和短债基金。

从收益来看，侧重于安全的基金是否到期能够保本是其主要管理目标，所以除非债券收益率较高市场表现也出色，否则，其到期收益会比较有限（目前市场环境下，年收益率约为0%~3%）；强化配置基金通过灵活的主动式资产配置，规避市场系统性下跌风险，并在严格控制风险的基础上追求市场上涨收益，体现适中收益（目前市场环境下，年收益率有望达到4%~7%）。建议以货币市场基金为主，目前货币市场基金赎回方便，良好的流动性足以应付那些不是急需的日常支出。将来投资海外市场的渠道开放以后，内地投资者还可以通过基金将投资触角扩大到海外，掌握世界各地的获利机会。

时移世易，投资者构建适合自己的基金组合，也不应该是一劳永逸的。证券市场的走势是熊牛交替不断变化的，各种类型的基金风险收益不一样，同一类型的基金也有优劣之分，同一只基金也不会好到头或坏到底，所以基金组合需要及时调整才能满足既定的预期收益和对风险程度的要求，才能达到进一步分散风险提高收益的目的。

构建基金组合的原则

把握原则是设计适合自己的基金投资组合的前提，构建个人基金组合应遵循以下四大原则：

1. 有明确的预期收益和风险程度

这是构建基金组合的前提，实际上是对投资者的自我风险承受能力和满意收益率的确定，需要结合自身的具体情况和市场的走势以及投资产品的特性才会更合理。只有确定这个前提，才能确定各类基金的大致比例和具体基金的挑选。

2. 尽量分散风险

根据市场的行情确定各类基金的合理比例，对于组合中的基金的挑选应尽量避免选择同一家基金公司甚至同一个基金经理管理的基金，还要尽量避免选择相同类型同类风格的基金和相同操作理念的基金。

3. 数量适当

组合中的基金只数尽量控制在 3~5 只，比例较大的类型选择两三只即可。数量过多不便于管理，如果把鸡蛋放在同一个篮子的不同角落未必能分散风险。

4. 适时调整

基金组合构建以后并不等于一劳永逸，还是需要适时作一些调整。基金不应像股票一样频繁操作，但是当股市出现明显的大调整时还是不能无所作为的，应该适当调整股票基金的持有比例。还应该建立一些备选的候补基金，已有组合中的基金实在比不上备选的候补基金时就应该更换，不应过分考虑费用，毕竟开源比节流重要，挣钱永远比省钱重要。

投资锦言

在整个投资组合中，以多少只基金为佳？这虽然没有定规，但要强调的是，组合的分散化程度远比基金数量更重要，如果投资者持有的基金都是成长型的或是集中投资在某一行业，即使基金数目再多，也没有达到分散风险的目的。相反，一只覆盖整个股票市场的指数基金可能比多只基金构成的组合更能分散风险。基金组合不应该是一成不变的，需要及时调整才能满足既定的预期收益和风险程度的要求，才能达到进一步分散风险提高收益的目的。

通常有两种方法可达到再平衡的效果。一种方法是定期再平衡，比如说每年 12 月份；另一种方法是在组合严重偏离目标时进行再平衡。建议把这两种方法合而为一，每年对基金组合进行全面评价，但只有在组合严重偏离时才进行再平衡。另外，不要养成频繁交易的习惯，否则会增加成本。

如何构建你的基金投资组合

不同的投资者应该根据基金的风格特点、业绩表现等因素，结合自身的收益风险偏好，有针对性地选择适合自己的基金组合方案。

1. 单身型基金组合

如果投资者属于追求高风险高收益，特别是那些没有家庭负担，没有经济压力，为追求资产快速增值而自愿承担一定风险的单身一族，可选择“单身型”基金组合方案。方案比例建议如下：积极型基金 50%，适度积极型基金 30%，储蓄替代型基金 20%。这种组合资金配置绝大多数是股票型基金，投资风格以积极投资为主，充分分享股市伴随中国经济快速发展而获得的收益，积极谋求资本增值的机会。

2. 白领精英型基金组合

如投资者属于追求较高风险水平下获取较高收益的人，尤其是那些收入稳定、工作繁忙、短期内没有大额消费支出，想稳步提升个人财富数量的男性白领人士，可以选择白领精英型组合。方案比例建议如下：积极型基金40%，适度积极型基金40%，储蓄替代型基金20%。此组合资产配置多数也是股票型基金，以积极投资风格的基金充当组合的核心部分，兼顾风险控制条件下，谋求资产长期稳定增值。

3. 白领丽人型基金组合

如果投资者是追求中等风险水平下获取稳定收益的群体中人，尤其是那些收入稳定、日常消费支出较多，缺乏理财计划的女性白领人士，期望资产的增值能够弥补白领女性因为消费需求大而产生的缺口，并达到培养良好理财习惯的目的，那么可以选择“白领丽人型”组合。方案比例建议如下：积极型基金30%，适度基金型基金40%，储蓄替代型基金30%。这种组合资产配置全部是股票型基金，以稳健投资风格的基金充当组合的核心部分，在控制风险的前提下，获取长期稳定的收益，同时保持了一定比例流动较强的储蓄替代型产品，以应付定期现金消费需求。

4. 家庭形成型基金组合

如投资者是追求中等风险水平下获取较高收益的群体中人，尤其是资金实力虽不强，却有明确财富增值目标和风险承受能力，同时短期内有生育计划的年轻家庭，可选择家庭形成型组合。方案比例建议如下：积极型基金40%，适度积极型基金30%，储蓄替代型基金30%。此组合资产配置以积极型基金为主，适度积极型基金为辅，同时适当投资储蓄型产品，保证资产的流动性，以备增添人口支出和资产保值需求。

5. 家庭成长型基金组合

如果投资者追求中等风险水平下能得到可靠投资回报，是想增添孩子的未来三口之家，期望依靠投资部分来满足子女今后几年教育开支预算的需要，则可选择家庭成长型组合。方案比例建议如下：积极型基金30%，适度积极型基金30%，稳健型基金20%，储蓄替代型基金20%。这种组合资产配置兼顾资产的中长期保值增值和收益的稳定性及可变现性。

6. 退休养老型基金组合

如果投资者追求较低风险水平下实现资产保值增值，尤其是中老年投资者，既不愿意承担较高风险，又期望资产能够保值，同时要保证随时应急，那么可以选择退休养老型组合。方案比例建议如下：积极型基金 40%，稳健型基金 30%，储蓄替代型基金 30%。这类组合资产配置以低风险的债券基金和准货币市场基金为主，既可以取得平缓提供资产增值的可能，又可在利率下降时依靠储蓄型基金来锁定收益。

投资锦言

虽然基金组合可以降低投资风险，但却不能规避风险。在此我们提醒投资者，基金理财产品都是自愿投资，因此投资者要承担投资基金可能带来的风险。

如何设计基金核心组合模块

一般来说，一个好的基金组合都会包含“核心组合模块”。基金投资的“核心组合模块”中，货币市场基金、高等级债券类基金、收入成长型基金是必不可少的三种基金。这三种基金投资所占的比重主要取决于投资者的年龄、风险承受能力、财务应变能力等。借鉴国际投资经验，在此给出如下一些常见的投资组合：

1. 以资本增值为目标的投资组合

这种基金组合中，股票型基金或积极成长型基金所占的比例应当在 40%左右，一个或一个以上的成长收入型基金应占 30%，而利息率较高的债券类基金可占 20%，货币市场基金可占 10%。

2. 以当期收入为目标的投资组合

以当期收入为目标的组合投资各部分所占的比例相对来说比较灵活，投资者可选择一个或一个以上的收入及成长基金，投资预支资金的 50%，债券类基金投入 25%，货币市场基金投入 25%，以求平衡稳定的收益。

3. 以兼顾当期收入和资金成长为目标的投资组合

这种基金组合中，成长型基金所占整体投资的比例应控制在 50% 左右，成长型基金或积极成长型基金应保持在 20% 左右，而高利率债券基金的比例可为 20%，货币市场基金的比例可为 10%。

除核心组合之外，还可以买进一些行业基金、新兴市场基金以及大量投资于某类股票或行业的基金，比如，将其余 40% 的资金根据市场情况配置于"非核心基金组合"，一般半年或一年调整一次，以实现投资多元化并增加整个基金组合的收益。非核心基金组合具有较高的风险性，需要对它们加以小心控制。

大盘平衡型基金尤其适合作为长期投资目标的核心组合。如果核心组合是大盘基金，非核心搭配应是小盘基金或行业基金。小盘基金适合进入非核心组合，因为它比大盘基金波动性大。

投资锦言

在制定核心组合时，投资者应遵从简单原则，注重基金业绩的稳定性而不是波动性，即核心组合中的基金应该有很好的分散投资效果并且业绩稳定。投资者可首选费率低廉、基金经理在位时间较长、投资策略易于理解的基金。此外，投资者应该时时关注这些核心组合基金的业绩是否良好。

基金组合管理的五个基本要素

投资基金的投资组合管理是个很复杂的过程，它主要包括以下几个要素：

1. 目标

基金投资组合管理最重要的要素就是投资目标。不同的目标决定着不同的行为：没有目标，必然导致行为混乱。因此，共同基金第一步就要有明确的投资组合管理目标。

2. 计划

有了目标后，基金应制订周密的计划以保证目标的实现。如果投资基金没有一个周密的投资计划，那么它常常会发现持有的投资组合无法实现自己的目标，而且很可能造成损失。共同基金必须事先确定它准备承担多大风险，然后通过周密的计划使投资组合在这个风险水平约束下能带来最大可能的收益。

3. 时机选择

时机选择是投资能否成功的另一重要因素。证券市场随着整个政治经济气候的变化而波动，因而投资基金必须选择恰当的时机执行投资计划，也就是尽量在证券价格最低时买进，而在价格最高时卖出，这就需要对证券进行多方位、多层次的分析。共同基金这方面的任务大多由证券专家来执行，大多数基金能够对证券的走势作出比较正确的预测，但也有一些基金在这一方面的表现不是很好。

4. 理性主义

在进行投资决策时，投资基金应采取理性主义的态度。因为投资的一个重要方面是减少风险，并时刻为持有受益凭证的投资者着想。不能轻率地承担不必要的风险。风险是和收益是成正比的，承担风险要有相应的收益作补偿。特别是收入型基金和平衡型基金更应注意这一原则。

5. 调整

投资基金在确定投资组合后，并非一劳永逸，一方面，基金的目标会发生变化；另一方面，各种证券也在不断地发生变化，投资基金必须不断地检查自己投资组合中的证券是否都是最理想的证券，并及时地把自己不满意的证券卖掉，补进较理想的证券。

投资锦言

投资组合管理目标有以下几方面内容：

1. 本金安全

本金安全不仅指维持原来的投资资金，而且指使本金不随通货膨胀的出现而降低购买力，保护本金的购买力。

2. 收入稳定

在现实股利和股息收入与将来的股利和股息收入承诺之间，投资者总是更喜欢前者；在稳定收入与不稳定或不确定收入之间，投资者总是偏好前者。因而，投资基金在确定投资目标时，收入的稳定应是着重考虑的因素。因为，只有稳定的收入才能吸引投资者。特别对于收入型的投资基金来说，稳定的收入更是至关重要的。

3. 资本增长

资本增长是投资组合管理的一个重要目标。这个目标并不意味着每个投资基金都必须投资于增长股票，即迅速增长公司的股票。

4. 变现性

变现性是指一种证券是否能方便、迅速地买卖。

5. 流动性

流动性是指投资资产应该能够在尽量短的时间内变换成现金而不引起损失。

6. 多样化

多样化或分散化投资是投资基金的一个主要特点和优点，投资基金是通过多样化来降低资本和收入损失的风险的，因而多样化也是投资基金投资目标管理的主要内容之一。

7. 税收

与其他投资者一样，投资基金作为机构的主要投资者，其所关心的主要问题也是税后收益多少，基金必须在制定投资目标及投资计划时，充分考虑投资基金的税收问题，并争取有利的税收地位。

如何调整你的基金投资组合

一般而言，当你确定了长期目标，衡量了风险承受能力，并仔细构筑了属于自己的基金组合后，你应该牢牢地持有它们。但出现下列情况之一时，则表明你应对基金投资组合做一些适当的调整。

1. 根据基金表现调整投资组合

投资者须每隔一段时间就考察一下自己所投资基金的NAV变化情况，基本掌握基金净值的走势，既可以利用有关报刊上固定登载的基金行情表，也可以从基金管理公司直接了解该基金的NAV数据，加以逐一比较，以把握行情。留意基金的表现，定时分析基金走势，可以确定是否选对了与个人投资目标相吻合的基金以及表现好的基金，有利于及时调整基金组合。

2. 根据基金经理的人事变动调整投资组合

基金经理的人事变动有时会影响基金的表现，特别是在基金表现不错的时候走马换将，就不是一个好兆头。研究表明，更换基金经理而使基金表现得到改善的情况并不多见。当然，对于那些表现奇差的基金而言，经理人事变动说不定是改善基金表现的契机，这当仔细分析判断。

3. 根据基金资产配置的变动调整投资组合

基金资产配置指的就是基金的投资组合，即基金投资于不同的有价证券及留存现金的不同比例。基金资产配置的变化当然会影响基金的投资绩效。一般而言，各个基金会根据不同的目标和策略设定不同的投资组合，多数基金的投资组合情况都要在公开说明书中载明，未经受益人大会同意，一般不能更改。但也有少数基金未严格这样做，因此，投资者必须注意基金资产配置的调整，相应地调整个人的基金组合。

4. 根据基金资产的增减调整投资组合

造成基金资产变动的主要原因有两方面：

（1）投资得当，资产增加；投资失误，资产减少；

（2）投资者投入新资金或退出基金。当基金资产减少以致基金规模过小时，投资者最好考虑退出。因为规模过小的基金分散投资的能力有限，自身也难以负担庞大的研究分析费用等固定成本。然而，当基金规模过于庞大时，也会影响投资表现。这是因为规模庞大的基金一般持有大量股票，当这些股票行情看涨时，如果基金管理公司乐于抛出，那么相对而言是较容易的，但是，当这些股票行情看跌或某家公司处于衰退状况而公众都在争相抛售其股票时，规模过于庞大的基金往往反应迟钝，难以很快卖出所持有的大量这类股票，因此对基金资产的变动及基金规模均应慎重分析，进而加以调整。

5. 根据基金投资目标的改变调整投资组合

当资金市场比较多样化，投资对象繁多时，要注意基金目标的变动。一般而论，投资目标决定投资对象，相应地，投资对象有变化也会影响投资目标。投资目标与基金投资组合紧密相关，如果基金的投资目标因故改变，投资者有必要重新衡量该基金是否符合个人的投资目标，从而决定是否调整基金组合。

6. 根据投资费用的变化调整投资组合

投资基金有收费与不收费两种，投资者有时会发现本来声称不收费的基金转变成收费基金，或收费基金提高了其收费标准。这时，已经投资于这种基金的投资者如果要增加投资，势必要多支出一些费用。投资者如果觉得多支付这些费用不合算，就应考虑停止继续投资这类基金或干脆退出。

投资锦言

投资者在建立了自己的基金组合后并非万事大吉，而应密切注意基金的表现和变化，特别是不能忽略那些影响投资者预期目标实现的因素的变化，以便适时进行基金组合调整。

发掘基金组合中的潜力股

在跟踪基金投资组合的各种公告发掘潜力股方面要注意以下几个原则：

1. 动态跟踪原则

由于基金公布投资组合具有一定的时间性和时滞性，因此为了掌握胜算，必须动态跟踪基金的投资组合，注意投资组合的变化，增持和减持了哪些股票。比如，部分公司为了再融资或者资产重组，会不定期地公布十大股东持股明细，从中可以观察到基金的最新持仓情况。

2. 成本原则

即密切关注和测算出基金的平均持仓成本，切忌在基金获利丰厚时去充当“解放军”。考察基金持仓成本的方法，一是关注基金仓位的变化，二是打开个股的K线图，两相比较，测算出基金投资该股票的平均成本价。

3. “交叉”原则

即多家基金公司共同看好的股票，应该成为投资者重点关注的对象。

4. “事必躬亲”原则

基金黑幕东窗事发后，对于基金的各种非议很多，因此为了提高投资绩效，在基金投资组合中发现了潜力股之后，投资者还应该通过其他渠道加以检测，包括对公司基本面和技术面的分析，同时检查是否与自己的选股思路和投资策略一致。

投资锦言

当然，单纯依据基金传递出的投资组合的信号就枉下判断，也会造成投资中的失误。因而投资者在对待这些“免费”的信息时要多加注意，切不可盲目进行跟基金同步的运作。

虽然投资者应对基金披露的重仓股持有怀疑态度，但这也是市场中很重要的大资金动向，因而需要认真对待，只是在分析过程中要讲究策略。具体来说，有如下三点是应该多留意的：

第一，基金披露投资组合与会计结算年度这一时间跨距之间的相关数据统计。最需要关心的还是投资者日常看到的成交量和价位，再加上多年来跟踪相关重仓股的经验来判断后续走势。一般有如下参考标准：

（1）股价上涨高出同期大盘涨幅，换手率相对较高，基金再度增持的可能性尚存，但需提防可能是最后一次基金增持，后续下跌的风险也在逐步累计，如果换手率偏低，则后市还有一定的短线机会，中线潜力也可适当看好。

（2）股价下跌高出同期大盘跌幅，换手率较高，基金减持的可能性较大，换手率非常低，则基金还藏身其中，可关注调整后的中线投资机会。

（3）如果股价表现与大盘几乎同步，换手率偏高，极有可能是基金在减持；而换手率偏低，则说明基金没有进一步的动作，类似个股基本上都是长线的投资品种。

第二，基金能否有进一步买卖行动的预测结论可以作为重要参考指标来分析。

这需要从相关个股介入的基金公司来考虑，可从基金的操作风格、手法和思路等方面挖掘出相关个股到底是短线投资机会还是中线投资机会。

第三，密切关注以指数为标的的行情演化趋势。

从近几年相关个股的操作情况来看，基金公司目前也开始吸取先前的教训，其对相关个股即便非常看好，也不会采取逆势拉升的举动，除非该股有爆炸性的大机会。有些情况下，基金可能在单日内就发生两个方向的操作，这也是近几年基金为了求得更好的生存环境而做出的最大变化。

因而，从这一角度建议投资者多注意累积涨幅较大的个股和涨幅不大个股的投资机会的差距。一般情况下，只要指数稳定在目前点位，后者的机会就相对大一些；而行情如果持续走强，则基金强势介入的、持股数量较大的个股可能会借助题材继续冲高，涨幅不大的反而机会小一些；如果行情有下跌趋势，前者的回调空间会相对大一些，而后者也不会有好的表现。可以总结为：一般情况下，当整体投资机会偏大时，容易出现强者恒强的局面；而当整体投资机会偏小时，强者不会逞强，弱者则继续恒弱。

规避基金投资组合的误区

此前我们介绍了投资者如何构建并监控自己的基金组合，适逢新春伊始，正是定期重审基金组合的好时机。投资者不妨从整体角度，检查自己的基金组合是否犯了以下“六忌”。

1. 投资目标不明确

投资不能无的放矢，但时间久了，投资者很容易忽略某项投资的存在目的。股票基金通常扮演资本增值的角色，而投资于债券基金或者准货币市场基金往往是为了获得稳定的收益。你可以不追随成长型热门股票、增加其在组合中的比重，但一定要清楚你持有的组合所期望达到的目的。例如，要确保5年后当你的子女获得大学录取通知书时，你有足够的资金供其完成学业；又如，出于10年后退休养老的考虑，你希望这段期间基金组合的收益能够超出通货膨胀率4%以上。因此，投资者应仔细思考投资目标和投资需求的优先顺序，以及原先的目标和需求顺序是否发生改变。如果组合中某项投资不能实现目标，应考虑更换出局。

2. 投资基金数目太多

如果持有基金数目过多，投资者看着冗长的基金名单，往往会眼花缭乱、不知所措。不妨借助“该基金能否充当组合中的某个角色”的标准进行筛选：该基金是充当核心基金还是非核心投资？如果是核心投资，所占比例是否比其他非核心投资高？通过资产的重新配置，投资者可使组合中的基金数目减少而增加各基金的比重。

3. 缺少核心组合

如果你持有许多基金却不清楚为何选择它们，你的基金组合可能缺少核心组合。针对每项投资目标，你应选择3~4只业绩稳定的基金构成核心组合，其资产可以占整个组合的70%~80%。在境外，许多投资者选择大盘平衡型基金作为核心组合。

4. 过多进行非核心投资

核心组合外的非核心投资可增加组合的收益，但同时也具有较高的风险。如果投资者投资过多的非核心部分，可能不知不觉地承担着过高的风险而阻碍了投资目标的实现。

5. 组合“失衡”

好的基金组合应是一个均衡的组合，即组合中各类资产的比例应维持在相对稳定的状态。随着时间的推移，各项投资的表现各有高低，如果某些投资表现特别好或特别差，会使整个组合“失衡”。

在晨星的评价体系中，对组合的资产构成分析细化到基金持有的股票、债券，其中对股票的分析又细化到风格、行业等。例如，组合原有的资产比例为中期债券占25%，小盘成长股占10%和大盘价值股占65%。如果小盘成长股大涨，可能使组合中小盘成长股的比重大增。投资者应定期调整组合的资产比例，使之恢复原定状态。

6. 同类基金选择过多

你持有的基金是什么风格？你是否持有过多同类风格的基金？你可将持有的基金按风格分类，并确定各类风格基金的比例。当某类基金的数目过多时，应考虑选择同类业绩排名中较好者，卖出排名较差者。

投资锦言

也许你会像逃避瘟疫一样回避市场上流行的“热股”；也许你认为不宜过多地持有单一品种资产；也许你会根据自己的年龄、风险偏好来选择自己的投资组合。如果你这样做了，恭喜你，你已经在构建投资组合时避免了一些重大风险。

发现基金投资组合中暗藏的风险

即使是最谨慎、最有经验的投资人，也会出现无法预料及抵御组合潜在风险而触礁的危机。那么，如何才能发现自己的基金组合中暗藏的风险呢?投资者应从以下四点把握：

1. 基金组合是否过于倾向某一投资风格

一些基金管理公司可以为投资者提供诸如投资风格箱之类的专业工具，可以帮助投资者建立多样化的投资组合。但是，就算你精心从风格箱的不同角落挑选不同风格基金来构建你的投资组合，你仍无法避免持有一种风格的基金过多而使组合显得臃肿。例如，一些成长型基金会将资产逐渐配置到价值型股票中，其投资风格不知不觉向价值型基金转变；而部分价值型基金会更加倾向成长型股票。同时，某些大盘基金经理会追逐表现抢眼的中小盘基金，并且小规模基金可能会随着基金规模的扩大逐步转向中等规模的基金。

如果投资者发现自己的基金组合过于偏重某一种风格，就应考虑筛选基金使投资风格回到平衡状态。

2. 你是否在债券型基金中冒险

债券型基金比股票型基金会给投资者带来更稳健的回报。但是，这并不代表债券型基金是零风险的资产。一些业绩表现尚佳的债券型基金持有债券资产久期较长或所投资的债券信用等级较低，都会增加债券基金的潜在风险。久期和信用素质是投资债券基金的两个基本要素。久期越长，债券基金的资产净值对利息的变动越敏感；如果加息，其面临的风险则要大于久期短的基金。而债券基金的信用素质取决于所投资债券的信用等级。投资人至少可以通过以下两方面了解基金信用等级：一是基金招募说明书对所投资债券信用等级的限制，二是基金投资组合报告中对持有债券信用等级的描述。

投资者还需要了解其所投资的可转债及其股票的比例。持有比较多的可转债基金，可以提高收益能力，同时也放大了风险。因为可转债的价格受到股市联动的影响，收益波动要大于普通债券，尤其是集中持有大量转债的基金，其回报率受股市和可转债市场的影响可能远大于债市。

3. 你是否为更多隐蔽的成本埋单

投资基金不一定能赚钱，但一定要缴付费用。选择合适费用水平的基金有利于提高长期回报。面对两只业绩表现相当的基金，选择费用较低的基金必定会为投资人带来较高的预期回报。一般的投资者选择的是一次性费用（申购费、赎回费和转换费等）与年度运作费用（管理费和托管费），这些费用从基金的招募说明书中都可获得。但是基金的某些费用（如证券交易费）是从投资额或基金资产中扣除的，具有一定的隐蔽性。单从投资费率上来说，基金投资人可能不会直接关注到，因为投资者无法控制基金经理的投资操作。当一只基金发生买卖股票的行为时，交易成本已经发生，这些成本并未反映在基金的费率上，但会在基金的回报中扣除。所以，投资者应关注一段时间内基金的资产换手率和成交量等信息，较低的换手率意味着基金经理采取长期持有的投资策略，为投资人节约不必要的成本。

4. 你的交易是否过于频繁

投资者一般会很关注基金投资组合的风险，而往往忽略了自身的投资行为给基金组合带来的潜在风险和成本。例如，投资者追涨杀跌频繁地买卖基金，使得交易成本上升。盲目地买入热门基金，使资产配置偏离投资目标，等等。

为了避免频繁交易，投资者在选择基金时需要重点关注基金是否保持稳健的投资风格；管理团队的经验是否丰富，投研团队是否稳定，费用是否低廉等。长期持有业绩好的基金，避免潜在的交易费用，可实现组合收益的最大化。

投资锦言

作为投资者，在热火朝天的行情过后，面对自己的基金组合，是不是应该冷静下来，好好思考一下：自己一直认为正确的观点还能坚持吗？有些风险是不是忽视了呢？

[案例] 构建基金组合要依据自己的实际情况

刘先生是一名大型私营公司的部门经理，今年25岁，每月收入约5500元，除去衣食住行等日用开支，每月净余约3000元。刘先生对理财渠道知之甚少，只采取了储蓄方式。又因为这两年银行利率一直存在变动的可能性，只选择了一年定期，以免一旦升息，因定期时间太长而无法享受更高的利息。至今，刘先生已拥有10万元的定期存款即将到期。刘先生目前还是单身，家庭条件比较好，就算是以后结婚，家里也可以给予很大资助。他在内地已拥有住房，还没有置业的打算，因为经常被公司派往不同的工作地点，租房每月要花400元。但刘先生本身从事的工作比较稳定，已参加了社会保险和医疗保险，但没有购买其他的商业保险。此外，刘先生还拥有一部品牌为奇瑞QQ的小型私家车。

刘先生的资产情况：收入来源比较稳定，但也比较单一。每月净余约3000元，相当于每月的储蓄率为54.5%，估计其年劳动性收入的净余额约为4万元。简单地看，目前刘先生收支情况良好。但要看到，现在并非刘先生的支付高峰期，目前宽裕的收支情况需要为未来进入支付高峰期积蓄资金。只靠社会统筹的社保与医保，其实是难以保障日常生活与房贷、住院等大额支出的，这使得刘先生在未来面临的支付风险是不可小视的。

刘先生目前的资产主要有两个问题：一个是缺乏明确的理财目标；另一个是现有资产的收益性较差。主要资产10万元的一年定存，其收益率仅有扣除20%利息税后的1.80%，还不足以抵扣通胀的影响。

所以，理财之前首先要明确适合自己的个人理财目标是什么，理财的目的之一就是要为未来的支付事项作一个合理、高效的预算安排。因此，可以对刘先生在未来出现支付高峰期的时间作一个简单的估计：5年左右的理财目标——购房；中长期理财目标——子女教育与养老。

在对刘先生的具体情况进行分析后，给出的投资建议是：建议10万元存款的40%、约4万元，购买剩余期限为5年的国债品种。目前5年期国债的到期收益率在3.5%左右，收益测算为4.75万元；将存款剩余的60%约6万元选择购买2~3只股票型开放式基金构建的基金组合，保守估计未来5年开放式基金的平均年收益率在6%~12%左右，则收益测算在8.03万元和10.57万元之间。

[案例]股票型基金的投资组合操作

李强在一家中型企业做财务工作，对于基金委实并不陌生。由于工作的关系，他经常跟银行打交道。市场低迷时期，基金发行没像现在这么容易，很多都是各基金托管银行按比例分派任务至下级各级支行，各级支行为完成销售任务，小部分由员工自己购买，大部分向信贷客户分摊，每一次新基金的发行，李强所在的公司都会根据合作银行的要求购买50万~100万元不等，一般是一过封闭期立马赎回，因此纯粹是为了帮银行完成销售任务。

因而，此前基金投资很少有盈利。这个期间发行的基金，机构购买是主力。到2020年，基金行情发生变化，收益开始体现，李强作为个人投资者就是在这个时候开始涉足基金市场的。从此他开始密切关注基金市场的行情，并赶紧恶补基金方面的知识，很快在基金理财方面小有名气。在一家基金公司的投资者论坛上，不少初来乍到的新手，都要去他的“山头”拜上几帖，听他谈经论道。许多认识李强的人都会向身边投资基金的朋友推荐他，他们都这么形容李强：“虽然大家没见过他，不过在我们的论坛上是一大教主，经常发表关于怎么买基金的帖子，很得投资人的喜爱和信赖。”

考虑到自己的收入还比较稳定，李强投资基金采用了定期定额的方式，但这种定期定额不是机械地每个月的某一天定期投入一笔资金，李强根据市场实际情况，不定期投入资金。比如市场展开了调整，每个人对下跌的幅度判断是不同的，你可以在不同的点位各准备一批资金抄底就行了，不用管市场会在哪里见底。一旦大盘反弹，你的股票未必是热点，但指数投资还是有获利空间的。尽管收益未必很大，不过相比股票补仓不慎造成的损失要好得多。

李强的基金投资与一般人不同之处还在于，他注重组合投资。现在除了对募集资金这块采用组合外，自己的家庭理财，给儿子的专项教育资金，李强都设计了不同的投资阵型，攻防兼备，各有侧重。像儿子的理财账户，保守投资就要多一些，60% 以上都是类似债券基金、货币基金等稳健品种。不同的投资者可以根据实际调整不同基金品种在资产所占的比重。下面具体来说明李强为自己做的股票基金投资组合：

1. 为了补充退休后养老金的不足，他每年拿出 3/10 的余钱购买长线稳定的基金。

目前他把 3 万元资金按 3 个比例投资于养老基金，其中 2 万元投资激进型基金，根据基金的风格，以投资大盘股为主的基金 1 万元，投资小盘的基金 1 万元，投资混合型稳定性基金 1 万元。分别是上投中优 1 万元，广发小盘 1 万元，上投双息 1 万元。目前这个基金组合的投资回报率已超过 20%。分配方式全部为红利再投。下一步，根据收入情况进行补充养老金，计划投入的基金是激进型上投阿尔法或景顺系，稳健型为广发稳健或嘉实稳健。这部分钱由于是养老的，在 10 年以内不会动它，只要投进，就不会赎回。如市场发生变化，只是对补充的基金品种进行调整。

2. 每年拿出 30% 的余钱，投入资金 7 万元进行短线基金操作，该项操作的投资收益继续投入基金。

2021 年 1 月 28 日，李强在 A 基金相对高点上，赎回了先期投入的 5 万元 A 基金，盈利 3.4 万元，1.4 万元用于春节开支，因此此部分资金目前只有 7 万元。春节前后，股市大跌时，他又投入了 4 万元按 1.6315 的净值购买了 24149.5556 份 A 基金（申购费率为 1.5%，赎回费率为 0.5%），3 月 19 日他全部赎回，净值为 1.8017 元，扣除手续费 217.5513 元后，实际赎回金额为 43292.7031 元，盈利 3292.7031 元。本不想赎回，只是李强考虑到自己有更好的投资渠道，以后有余钱了再进。2 月 27 日他还按 1.4964 元的净值购买了 B 基金，申购费率为 1.8%，共计 3 万元，19687.2494 份（手续费 540 元），3 月 19 日也全部赎回，当日净值为 1.6702 元，实际赎回金额为 32717.2357 元，盈利 2717.2357 元。同样是因为有更好的投资渠道，一个月的投资收益达到了 9.0575%。

应该说李强的理财方案是成功的。李强在拟定理财方案时首先考虑到了风险，对自己的资金进行了基金组合投资，从而分解风险。同时，还兼顾到长短期的不同需要，比如有的用于养老，有的用于上学，选择不同投资风格的基金。此外，他还根据自己的收入情况，随时对基金组合进行灵活调整。

第9章　涓涓细流汇江海
——基金定投投资策略

目前，基金业竞争日趋激烈，而基金的持续营销已叫人挖空心思。中国工商银行携手南方、融通、广发、申万巴黎、华安、国联安6家基金公司高调推出“基金定投”计划，给处于相对寂静的基金市场添了一抹亮色。业内人士指出，基金定投业务迎合了有良好储蓄习惯的国内中小投资者的长期理财需求，同时有效降低了大额投资者的投资理财风险，将成为基金公司在今后持续营销中的主要方式。

什么是定期定额投资?

一般而言，基金的投资方式有两种，单笔投资和定期定额。定期定额的方式类似于银行储蓄的“零存整取”的方式。所谓“定期定额”，就是每隔一段固定时间（例如每月 25 日）以固定的金额（例如 1000 元）投资于某一只开放式基金，并持续进行，就是定期定额投资（简称定期定投）。

定期定投之所以被不少投资者所青睐，是因为定期定投基金具有以下优点：

1. 定期投资，积少成多

定期定额投资的一大特色是在不加重投资人经济负担的情况下，做小额、长期、有目的性的投资。对于一般投资人而言，不必筹措大笔资金，每次定期定额投资的资金多则上千元，少则几百元，即可积少成多，使小钱变大钱。

定期定投的金额虽小，但累积的资产却不可小觑，长期投资下来，其获利将远超过定存利息所得。而且投资期间越长，相应的风险就越低。一项以台湾地区加权股价指数模拟的统计显示，定期定额只要投资超过 10 年，亏损的概率则接近零。

而且这种“每个月扣款买基金”的方式兼具强迫储蓄的功能，比起自己投资股票或整笔购买基金的投资方式，更能让花钱如流水的人在不知不觉中每月存下一笔固定的资金。让你在三五年之后，发现自己竟然还有一笔不小的“外快”。

2. 自动扣款，手续简便

办理定额定期手续非常简单，投资者只需去基金代销机构，如银行，办理一次性的手续，约定每个月（或 2 个月）固定的时间从其账户中划出固定的金额来投资基金即可，今后每期的扣款申购均自动进行，为投资者节省不少时间。

3. 平均成本，分散风险

利用定期定投可以平均成本、分散风险，因为是每隔一段固定时间投资，不论市场行情如何波动，都会定期买入固定金额的基金，因此当股市上涨基金净值高时买进的单位数较少，而在市场下跌基金净值低时买进的单位数较多，长期累积下来，成本及风险自然会摊低。

例如，若你每隔两个月投资 100 元于某一只开放式基金，1 年下来共投资 6 次，总金额为 600 元，每次投资时基金的申购价格分别为 1 元、0.95 元、0.90 元、0.92 元、1.05 元和 1.1 元，则你每次可购得的份额数分别为 100 份、105.3 份、111.1 份、108.7 份、95.2 份和 90.9 份，累计份额数为 611.2 份，则平均成本为 600 ÷ 611.2 ＝ 0.982 元，而投资报酬率则为（1.1 × 611.2−600）÷ 600 × 100% ＝ 12.05%，比一开始即以 1 元的申购价格投资 600 元的投资报酬率 10% 为佳。

投资锦言

代销机构一般会按照投资者申请时所约定的每月固定扣款日、扣款金额扣款，若遇非基金交易日则顺延到下一基金交易日。需要注意的是，投资者必须指定一个资金账户作为每月固定扣款账户，并且这个账户是进行基金交易时的指定资金账户。如果到了扣款日因投资者账户内资金余额不足则会导致该月扣款不成功，因此投资者需要在每月扣款日前在账户内按约定存足资金。

定期定投适合哪些人?

基金定期定投到底适合哪些人呢?

1. 领固定薪水的上班族

大部分上班族薪资所得在扣除日常生活开销后，所剩余的金额往往不多，小额的定期定额投资方式最为适合。而且由于上班族大多无法时常亲自于营业时间内至金融机构办理申购手续，因此设定于指定账户中自动扣款的定期定额投资，对上班族来说是最省时省事的方式。

2. 在未来某一时点有特殊资金需求的人

例如，3 年后须付购屋首期款、20 年后子女出国留学基金，乃至 30 年后自己的退休养老基金等。在已知未来将有大额资金需求时，提早以定期定额小额投资方式来规划，不但不会造成自己经济上的负担，更能让每月的小钱在未来变成大钱。

3. 那些不喜欢承担过大投资风险的人

这些人也是比较适合做基金定投的。由于定期定额投资有投资成本加权平均的优点，能有效降低整体投资的成本，使得价格波动的风险下降，进而提升获利的机会。

4. 新婚族

由于新婚家庭大多处于财富初始积累期，所以夫妻双方的收入情况最好向对方公开，双方必须保证每月拿出自己收入的一部分作为家庭共同基金，风险相对较低，收益却很可观的基金定投就是他们理财最好的方式之一。

投资锦言

时至今日，把钱藏在家里、存在银行的理财方式已经不合时宜，然而，有什么方法可以帮助您聚沙成塔、积少成多呢？“定期定额”投资基金无疑可以做到这一点。虽然定期定额投资基金的回报率在牛市中比不上单笔投资，但在震荡的投资环境中，确实能有效降低投资组合的波动性并获得稳定的投资回报，是一种可以助你逐步实现理财目标的投资方式。

什么样的基金适合作定期定投?

基金市场越来越火爆，越来越多的市民已熟悉并采用了定期定额买基金的投资策略。但需要提醒投资者注意的是，并非每只基金都适合定期定额投资，只有选对基金，才能使你的投资最有效地达到赚钱目的。

1. 股票型基金和配置型基金

进行基金定投，是不需要管当时市场的涨跌的，所以其一个重要出发点就是将风险拉平、降低平均成本。因此，选择弹性较大的股票型基金或配置型基金进行定期投资较为合适。如果定投债券型基金、货币市场基金，十几年后获得的收益可能刚好抵消通胀而已，所以定投应首选股票型基金或配置型基金。

投资这些基金最好选择市场处于上升趋势的时候。超跌但前景不错的市场最适合开始定期定额投资，投入景气循环向上、现阶段在底部盘整的市场，避免追高是创造获利与本金安全的不二法则。因此只要长线前景看好，短期处于空头行情的市场最值得开始定期定额投资。

2. 指数基金

国内外的实践研究都表明，在牛市行情中 70% 左右的主动型基金都难以战胜指数基金，指数基金可伴随指数成长，获取丰厚的投资回报。在股市进入长牛格局时，指数基金可以说是定投的首选之一。持续定投的投资者，收获会非常丰厚。

3. 波动大或绩效较平稳的基金

波动较大的基金比较有机会在净值下跌的阶段累积较多低成本的份额，待市场反弹可以很快获利。而绩效平稳的基金波动小，不容易遇到赎在低点的问题，但是相对平均成本不会降得太多，获利也相对有限。

其实，定期定额长期投资的时间复利效果分散了股市多空、基金净值起伏的短期风险，只要坚守长期扣款原则，选择波动幅度较大的基金更能提高获利，而且风险较高的基金的长期报酬率应胜过风险较低的基金。因此，如果有较长期的理财目标，如 5 年以上至 10 年、20 年，不妨选择波动较大的基金，而如果是 5 年内的目标，还是选绩效较平稳的基金为宜。

希望以上三点建议能帮助你在选择定期定额投资基金方式的同时也能用对地方，用对产品，高效率地发挥定期定额投资的优势。

投资锦言

实践中，定投只是一种投资策略，而投资何种基金，其实取决于你的风险承受能力及你的可投资期限（即何时使用该笔财富）。

事实上，股市的正常波动周期不只短短两年，而期望最低点开始买入，到最高点抛出，显然是一种奢望。那么，短期投资不适合股票类定投。长期呢？大家应该看到，尽管中国股市大起大落（外国的股市也相同），但是权威部门测算过，长期投资股市9年以上，保本的概率接近100%，而且因为承受相对债券类投资更高的风险，依据风险大、收益大的原则，股票类定投长期来看，收益会更高。那么假如我们年轻时做一个长达10年、20年的养老计划，那就值得考虑定投股票类基金。当然选择定投，除了要看可投资的年限外，每个人的风险偏好也很重要。比如，尽管长期定投股票类基金可以累积更多财富，但一个风险承受能力较低的人正巧碰到了“从牛市的顶点开始投资”，才坚持一年不到账面就损失了大半，以至于不能接受，怀疑长期复利的魔力，最终放弃坚持，那么也是枉然！还不如心态稳健点，老老实实定投债券类基金，稳健第一，皆大欢喜。

定投只是一种策略，应依据自己的情况，选择最适合自己的方式。

如何选择适合自己的定投基金

随着近几年基金业的蓬勃发展，市场上可供投资者选择的基金越来越多，如何在众多基金中挑选适合自己的定投基金呢？一般来说，可从以下几个方面进行考察：

（1）考察基金分红比率。基金分红比率＝基金分红累计金额 ÷ 基金面值。因为基金分红的前提之一是必须有一定盈利，能实现分红甚至持续分红，可在一定程度上反映该基金较为理想的运作状况。

（2）可将基金收益与大盘走势相比较。如果一只基金大多数时间的业绩表现都比同期大盘指数好，那么可以说这只基金的管理是比较有效的，选择这种基金进行定期定额投资，风险和收益都会达到一个比较理想的匹配状态。另外，还可以将其收益与其他同类型的基金进行比较。

（3）投资者还可以借助一些专业公司的评判，对基金经理的管理能力有一个比较好的度量。

投资锦言

确定定投的对象后，如何申购赎回还有一些小诀窍。业内人士透露，申购时采用后端收费更合算。所谓后端收费，即在购买基金时不需要支付费用，等赎回的时候把申购赎回费用合起来算。各基金公司为了奖励长期持有基金的投资者，会给予一定的优惠措施，即持有时间越长，费率越低，通常是持有三四年左右，费用就变成零（各公司有具体标准，可去其网站查询）。

由于基金的申购费一般只有1.5%~2%，赎回费为0.5%（这是第一年的标准，按持有年限递减，直到为零）。很多投资者可能对此不以为然，认为节省这点费用没多大意义，但投资就是要精打细算，省下来的成本就是增加了你的收益。如果你在买蔬菜的时候都会为多一根葱而与小贩计较，为什么在投资的时候反而看不上这点“蝇头小利”呢？

当然，对于那些不打算长期定投的投资者来说，这点费用的节省的确产生不了多大效益。不过，基金定投最好不低于一年，否则效益不会很明显，毕竟，牛市行情是数十年一遇的。

如何通过基金定投为子女积累教育金？

为子女储备教育金除了及早开始外，具体如何累积这笔为数可观的资金，也是一个问题。可以利用基金公司的定期定额计划，同时把握好以下原则，将帮助你有效地达成目标。

1. 搭配长、短期理财目标，选择不同特色的基金

依据个人或家庭的短、中、长期不同理财目标决定投资工具与方式，是

最基本的投资原则。但是，如果决定以定期定额投资共同基金的方式筹措资金，那么就必须注重投资的风险程度与基金属性。以筹措50万元子女留学基金为例，若财务目标金额固定，而所需资金是短期必要，那么就必须提高每月投资额，但要降低投资风险，以稳健型基金投资为宜；但如果投资期间拉长，那么投资者每月所需投资金额就可以降低，而将可承受的投资风险提高，适度分配积极型与稳健型基金的投资比重，以使投资金额获取更大的收益。

2. 依据财务能力弹性调整投资金额

随着就业时间拉长、收入提高，家庭的每月可投资总金额也随之提高。因此，适时提高每月扣款额度也是一个缩短投资期间、提高投资效率的方式。尤其是在原本投资的基金趋势正确、报酬率佳，而且原有的投资组合分散风险的程度已经足够的时候，就不需要另行申购其他基金，依照原有的投资比重重新分配投资金额，即可早日实现投资目标。

3. 固定总投资金额下，依重点市场分配投资比重

如果短期内不会调整每月总投资金额，而且投资期间较长，那么投资者也应该定期检视投资组合的适宜程度，依照重点潜力市场分配不同的投资比重。例如，在利率上升期暂时避开中长线债券组合，而多关注货币市场基金等。

4. 适时部分赎回或转换，资金活用不受限

许多投资者误以为定期定额投资要办理赎回时，只能将所有的持有单位数全部赎回结清。其实，定期定额投资如单笔投资，也可以做部分赎回的动作，或是部分转换。不少投资者因为一时急用资金，就采取部分赎回基金的动作，但是定期定额的协议仍存续，每个月仍可持续扣款。但若是为了投资期间被迫缩短，或是所需资金提高，那么就必须调整投资内容，投资者可将原有的基金部分单位转换至符合新的理财目标的基金，继续以定期定额方式投资。

投资锦言

基金定投比较适合孩子的教育金储备。基金定投相比教育储蓄除了能获

得更好的收益外，从长期来看，其风险也较小。在具体基金配置上，教育金储蓄应以稳健为宜，建议选择一只指数型基金加一只配置型基金的组合投资。基金定投属于被动的简单化理财，坚持长期投资，定投的优势才能真正显示出来，由于老基金已经接受了市场的检验，不妨选择老基金。

定期定投要准确评估赎回点

定期定额投资基金时确定赎回时点很重要。如果正好碰上市场重挫、基金净值大跌，那么之前耐心累积单位数的效果将大打折扣。

所以定期定额投资应妥善规划，像累积退休基金这种长期资金，在退休年龄将届的前3年就应该开始注意赎回时机。即使只在投资期间的一半，还是要根据市场的成长状况来调整。例如原本计划投资5年，扣款3年后市场已在高档，且行情将进入另一个空头循环，此时最好先获利了结，以免面临资金需求时正好碰到市场空头的谷底期。

获利了结则可善用部分赎回及适时转换。如果市场趋势改变，可转换到另一个在上升趋势的市场继续定期定额投资。一旦开始定期定额投资适当的基金，就不必在意短期涨跌。

基民应该明白，基金定投时，超平均成本赎回才能获利。

首先，对于投资周期并不是很长的基民来说，需要关注定投的实际盈亏点。

定投的盈亏点并不像单笔投资那样一目了然，赎回时的基金净值只有超过这个盈亏点，基民才能真正获利。

特别需要注意的是，在定投过程中，基金单位净值相对较高时，基民买到的基金份额相应较少；当市场下跌、基金单位净值降低时，同样资金能买到的基金份额相应增加。也就是说，基民每期买到的基金份额并不相同。

因此，基金定投的盈亏点并非每期定投时基金单位净值的算术平均数，而应以定投的总金额除以实际购得的基金总份额来估算。

投资锦言

很多投资者以为赎回时必须将所有的定投份额全部赎回，其实，定投的基金既可以一次性全部赎回，也可选择部分赎回或部分转换。

因此，基民在开始定投后，如果临时需要套现，当需求数额小于定投金额时，可以用多少赎多少，其他份额继续持有；或者当市场处在高位，无法判断后市方向时，不必一次赎回全部份额，而只是赎回部分份额落袋为安，其他份额继续保留，等到趋势明朗后再作决定。这样既可以规避一部分风险，又不会完全丧失后市的盈利机会。

基金定投理财四原则

基金定投要遵循以下四个原则：

1. 量力而为

定期定额一定要做得轻松、没负担，因此，投资者首先要分析自己的收支状况，计算出固定能省下来的闲置资金。虽然每月投资金额并不需要特别固定，但为了达到强制储蓄的目的，投资者最好还是从一开始就养成好习惯，保证每月投入数额相当。

2. 设定目标

定投法是一种长期见高效的投资法，重在积累和复利，所以采取这种办法投资，特别适合未来子女教育、个人退休养老等长期目标。但要想短期见高效，设想年初投入奥拓、年底收回奥迪的风险偏好者并不适用。

3. 选对市场

要选择处于上升趋势的理财市场，比如反复向上但又大幅波动的市场，最适合开始定期定额投资。投入景气循环向上的市场，避免追高是创造获利与本金安全的前提。

4. 持之以恒

长期投资是定期定额累积财富最重要的原则，这种方式最好持续3年以上，才能得到好的效果。切勿因为自己主观去判断市场的走向而中断投资。因为复利是定投的特点，时间越长，收益越高。收益率和时间是几何关系，而不是简单的算术平均。

投资锦言

相比较而言，基金定投更能潜移默化地培养长期投资的习惯，从而获得长期均衡的收益。对比那些经常研究基金、频繁转换基金的人，坚持基金的长期持有理念，以一种平和的心态对待基金的投资者往往收益不错，而基金定投正是帮助投资者养成这样一种理念的好帮手。

基金定投的六大误区

对于基金定投，很多投资者认识上存在诸多误区。

1. 只能按月定期定额投资

一般情况下，定投只能按月投资，不过也有基金公司规定，定投可按月、按双月或按季度投资。现在多数单位工资一般分为月固定工资和季度奖。如月工资仅够日常之用，季度奖可以投资，适合按季投资。如果每月工资较宽裕，或年轻人想强迫自己储蓄，则可按月投资。

2. 定投金额可以直接变更

按规定，签订定期定额投资协议后，约定投资期内不能直接修改定投金额，如想变更只能到代理网点先办理“撤销定期定额申购”手续，然后重新签订《定期定额申购申请书》后方可变更。

3. 扣款日固定在每月的某一天

基金定投采用每月固定日扣款的方式，但是由于实际情况所限并不总是固定在这一天。首先因为每月的天数不等，所以扣款日一般选择在每月1~28日。其次，扣款日如遇节假日将自动顺延，如约定扣款日为7月8日，但如果次月8日为周日，则扣款日自动顺延至9日。

4. 基金定投只能长期投资

定期定额投资基金虽便于控制风险，但在后市不看好的情况下，无论是一次性投资还是定投均应谨慎，已办理的基金定投计划也应考虑规避风险的问题。例如，原本计划投资5年，扣款2年后如果觉得市场前景变坏，则可考虑先获利了结，不必一味等待计划到期。凡事都不是绝对的，基金定投只是比较适合长期投资，但如果市场有变也应当及时调整策略，转换方向，以免影响自己的投资收入。

5. 漏存、误存后定投协议失效

投资者有时会因为忘记提前存款、工资发放延误及数额减少等因素，造成基金定投无法正常扣款，这时有的投资者认为这是自己违约，定投就失效了。其实，部分基金公司和银行规定，如当日法定交易时间投资人的资金账户余额不足，银行系统会自动于次日继续扣款直到月末，并按实际扣款当日基金份额净值计算确认份额。所以，当月扣款不成功也不要紧，只要尽快在账户内存钱（3个月内）就可继续参加定投。

6. 赎回后定投协议自动终止

有的投资者认为定投的基金赎回后，定投就自动终止了，其实，基金即使全部赎回，但之前签署的投资合同仍有效，只要你的银行卡内有足够金额及满足其他扣款条件，此后银行仍会定期扣款。所以，客户如想取消定投计划，除了赎回基金外，还应到销售网点填写《定期定额申购终止申请书》，办理终止定投手续；也可以连续3个月不满足扣款要求，以此实现自动终止定投业务。需要注意的是，千万不能既想终止定投却又在账户中有足够的存款，这样你的定投在默认状态是继续的。

投资锦言

对投资者来说，必须规避基金定投的“六大误区”，以免定投操作不当遭受损失。

[案例]基金定投要有耐心

李莉老早就看好了一只股票基金，在该基金2019年12月开通定投业务后，她第一时间就定投了这只基金，每月的定投金额为500元。当时，上证综合指数在低位区域，其后快速拉升。

相应地，李莉在2019年12月第一次定投时，该基金的单位净值为1.432元，1月、2月、3月定投时该基金的单位净值已一路上升到1.6396元、1.7841元和1.8057元。

2020年4月初，李莉临时急用一笔资金，不得已只好变现这些基金份额，赎回当日的基金单位净值为1.6965元，李莉拥有约1211.26份基金份额，平均成本约1.65元，忽略交易费用的话，她的账面收益约56.32元，账面收益率约2.81%。如果算上交易费用，可能保本都难。

而在李莉定投期间，该基金单位净值在7月7日达到最高点1.8707元，如果李莉选择此时赎回，忽略交易费用，则她拥有约934.36份基金份额，平均成本约1.61元，收益约243.58元，收益率约16.24%。

像李莉这样对资金流动性要求比较高、投资周期难保证的基民，在市场快速上涨阶段通过定期投资积累了基金份额，一旦在赎回时碰上基金净值调整，那么定投的收益将会大打折扣，像李莉只是晚赎回了不到1个月，收益率就减少了13%。

所以对于那些耐心不够、不能忍受基金净值下跌的基民，选择股票基金定投，效果会大打折扣。因为多数基金份额是在前期快速上涨的市场中累积的，而赎回时可能正好碰上市场下挫、基金净值大跌。

[案例]养成基金定投的习惯有利于年轻人理财

彭彭大学毕业不到两年，现在一家网站做编辑；她每月固定的支出主要用于供房子，每月 2000 元左右；另外，她每月有一笔固定的投资，即投资 2000 元用于基金定投，除此之外，由于工作关系，她平时花销很小。

如果给她 100 万元，她的理财方式很简单：买一个店连屋。店租出去，屋子给自己住，然后悠闲地生活，当跷脚老板。

彭彭的理财意识反映出很多年轻人的共有性格，向往自由、安逸和休闲。专家认为，对于年轻人来说，养成基金定投的习惯是非常好的。因为基金定投既可以增强理财意识，又可以减少风险。

第10章　点指成金巧获利
——网上基金买卖注意事项

随着科技的高速发展，信息时代的来临，网络已经遍布生活的每一个角落，连基金交易也可以在网上进行了。网上买卖基金给投资者带来了许多方便，省去了排队等候的麻烦，而且费用也较低。但这并不是说它就完全取代了传统的网点销售，是最好的交易方式，网上交易同时也存在着一些缺点。所以投资者进行网上基金交易应了解其注意事项，避免因操作不当而给自己造成不可挽回的损失。

网上买卖基金的优点

近年来，互联网的广泛应用正在迅速地改变人们的生活方式，人们的日常生活越来越离不开互联网。基于基金产品无形性的特点和电子化的趋势，网上基金交易已逐渐成为基金行业一个非常重要的销售渠道和交易方式。现在工商银行、招商银行、农业银行、兴业银行、广发银行、浦发银行等多家金融机构都推出了“网上基金”业务，网上基金业务为基金公司开展面向个人投资者的直销业务提供了可能，弥补了传统直销的缺陷，也降低了基金公司和投资者的成本。

作为新兴的交易手段，网上买卖基金有很多独特优点：

1. 省钱

网上买卖基金最大的好处是费用便宜，其费率要比柜台上低得多，所以选择网络直销可以减少成本，增加收益。比如，从网点开立基金账户一般要缴纳一定的手续费，而在网上自助开立基金账户则是免费的；网上认购、申购开放式基金可以享受一定的手续费折扣，比如，通过某些银行“银基通”购买开放式基金，申购费最多可以打 4 折。

2. 省时

网上基金交易因其快速和方便可以为投资者节省不少时间，在空闲时三五分钟就可以轻松交易，没有了在代销点的麻烦手续。并且交易过程大幅缩短，通常一些代销渠道购买到账须 T+2 个工作日，而电子直销只需 T+1 个工作日就可到账。另外，网上认购、申购，不受时间限制，基金公司网上 7×24 小时接受委托，交易随时随地，不似传统的交易方式必须在销售网点的营业时间内才可以办理交易业务。

3. 省力

网上基金交易还有一个优点就是省力。申购成功后，投资者会收到基金公司的通知，然后就可以随时随地通过网上、电话进行相关基金的申购、赎回。并且，投资时在网站上选基金也很方便，在直销网站上有各种基金的详细信息，投资者可以了解你想购买基金的所有信息，足不出户就完成了投资决策及交易。

4. 功能齐全

网上基金交易不仅提供简单的申购、赎回业务，投资者还可使用基金转换等增值功能，只要是在柜台能够办理的业务在网上都可以办理，它的这种齐全的功能使它代替银行、券商等代销机构成为可能。

5. 安全可靠

由于网络的开放性，网络安全成为许多人关注的问题，人们会担心自己的账号会不会被盗，交易是否成功。其实，这种忧虑是没有必要的，为了确保用户大额资金的使用安全，各家银行都对自己的网上银行服务采取了保护措施，如农行的网上银行系统，在开通该项服务后，用户首先要下载该银行的电子证书到用户电脑，这个电子证书简单来说相当于用户电脑进入网上银行的“身份证”，没有这个电子证书的电脑就无法使用网上银行的金融服务。同时，银行出于安全考虑，都对网上银行服务进行了支付金额和支付次数的限制，因此不必担心账户中资金大量流失。

投资锦言

网上基金交易具有费率较低、赎回时间比较短、操作方便、无须排队等优点，因此受到广大投资者的欢迎。但是网上基金直销也有很多缺点，需要投资者引起足够的重视，尽量避免因此而受到损失。

1. 不同基金公司要求的结算卡不同

每个基金都要选择一个托管银行，而不同的基金公司会选择银行来托管，所以结算用卡也不相同。比如用广发卡可购买广发旗下的基金，但不能购买上投摩根的基金。用建行卡可购买华夏旗下的基金，却不能购买广发的基金，所以，如果购买多只基金，往往需要为该基金组合办理不同的银行卡，那样就比较麻烦了。

2. 基金公司或银行网上交易系统只能交易其所发行或代理的基金

在一家基金公司的网上交易系统中只能进行其所发行的基金的交易，银行的网上交易系统也是这样，所以当购买的基金较少，只涉及一家银行或基金公司时就很方便，而一旦购买的是基金组合，涉及不同基金公司和银行系统，投资者就要频繁地登录、使用多个账号，其过程并不简单。

3. 已开通的基金公司较少

网上交易毕竟是新出现的，还存在着一些问题或风险，所以其规模比之传统银行、券商销售还是有限的，因此投资者通过网络可选择的基金公司及其基金有一定的限度，而且并非所有基金公司直销都有费率优惠，比如景顺长城就不提供申购费折让。

4. 存在安全隐患

安全是最为重要的因素，如果没有安全保证，那么投资者的基金投资成果很可能被一些不法之徒窃取。虽然目前网上交易系统已经采取了一定的防范措施，如设置密码、数字签名证书、电子验证书等，但还是不能完全消除安全隐患。例如，对银行卡等非常关键的信息，没有采取隐蔽措施，对登录密码的输错次数没有限制，因此投资者在进行网上基金交易时一定要注意安全，最好不要在公共场所上网，杀毒及防火墙也是必不可少的。

5. 缺少交易凭证

网上交易在程序简化的同时也造成了手续、资料的不全，交易过程缺乏记录，没有凭证。如果通过代理机构每笔交易都是有凭证的。所以投资者在进行网上交易时能打印的一定要打印，如对账单、确认书等，以作凭证，一旦将来出现差错或者遇到继承问题，也可以清楚地查询你买了什么基金，基金的份额是多少。

6. 需支付银联转账费用

天下没有免费的午餐，网上交易基本上都通过银行转账来完成，在交易的同时投资者也需要支付一定的转账费用，虽然数目不大，但对投资者而言也是一种损失。特别是在撤单时，交易并没有完成但转账费用已经扣除了。现行的标准如下：5000 元以下，每笔 2 元；5000~50000 元，每笔 3 元；5 万 ~10 万元，每笔5元；10万元以上，每笔8元。

网上基金交易的三个途径

如今，网上证券交易已被人们熟悉，很多投资者在申购赎回开放式基金时只需在家轻点鼠标即可实现基金买卖，省去了到银行网点的麻烦。在网上进行基金交易主要有三个途径：基金公司网上交易系统、银行网上交易系统、证券公司网上交易系统，投资者可以根据自己的需要自由选择。

1. 基金公司网上交易系统

在交易之前投资者需要备有银行卡账户和基金账户，然后登录基金公司网站，在浏览器中打开“网上交易”页面，申请开通网上交易，即开户。为了确保交易的安全性，通常投资者还要设立自己的交易密码，在确定账户交易模式、转账账户号、账户密码等信息后就可以登录进行基金买卖了。基金公司的网上交易若在每天的工作时间内（9~15时）提交交易单，则基金公司在此交易日的工作时间后确认交易，而投资者可以在第二天早上查询到交易信息，如资金购买的基金份数、当日基金的盈亏等。若是在工作时间后（15时至第二日9时）提交交易单，基金公司会在第二日的工作时间后处理交易单，然后投资者可以在第三日早上查询到交易信息。另外，需要注意的是，每周五15时之后至第二周周一15时之前的交易单会在第二周周一的工作时间后处理。在工作时间内，如果基金公司还没有处理你当天的提交交易单，那么你可以在15时之前选择撤单，但下单时资金已转入基金公司账户，所以在撤单之前已经支付了转账费，并且撤单后资金到账需要2天，而赎回基金后资金到账则需要5~7天。

通过基金公司的网上交易系统进行基金交易属于基金公司的“直销”，就像直接到基金公司进行交易一样，所以在申购费率上通常有优惠，甚至申购费率为零，而且交易时间没有限制，可以24小时下单。但投资者需要先签订《委托服务协议》，而且只能购买该基金公司旗下的开放式基金产品。

2. 银行网上交易系统

网上银行本质上与基金公司的网上交易平台类似，它对基金买卖的处理也要转送到基金公司的交易平台进行处理，不同的是网上银行一般会有基金超市，种类比较多，方便投资者挑选。另外，网上银行进行基金交易不享受基金公司直销的优惠费率，投资者在选择之前应先咨询是否有优惠政策，以免错过电子交易给您带来的利益。

通过银行的网上基金交易系统购买基金，投资者同样需要备有银行卡账户和基金账户，并且该银行卡已经开通了网上银行服务。如果投资者尚未在银行开户，则需要携带身份证到代销想购买基金的银行，办理一张该行的普通储蓄卡，也有的银行会要求办理另外的专门进行证券交易的关联卡，如建设银行就要求办理证券卡和其储蓄卡关联，才可以买卖基金。然后投资者登录银行网站，点击个人网上银行并找到网上基金栏目，就可以进行基金买卖。一般来说，银行可以代理开立基金账户，但通过某家银行的网上交易系统只能买到该银行代销的基金。

3. 证券公司网上交易系统

投资者首先要通过证券公司柜台办理开户手续，然后登录证券公司网站下载交易软件，用资金账户和密码登录后即可操作。在证券公司开设的账户不仅可以购买开放式基金，也可以购买在证券交易所挂牌的封闭式基金。不过，需要注意的是，这种方式只能购买该证券公司代销的开放式基金，而且投资者只能在交易所的交易时间内操作。

投资锦言

基金网上交易在以下情况下不能撤单：

（1）根据基金合同规定不能撤单的交易（如在认购期的认购交易）不能撤单。

（2）已经确认成交的交易不能撤单。

（3）网上交易（认购交易除外）当日申请在当日 15 时以后不能撤单。

网上基金交易的支付方式

一般来说，依据资金支付方式的不同，投资者通过网络方式购买基金有以下三种方式：

1. 单独汇款

投资者在网上提交基金购买申请后，需要单独将购买资金汇划到基金公司的直销清算账户。这种方式对投资者的支付方式没有限制，但一般需要承担银行收取的划款手续费。

2. 网上支付

投资者购买基金申购和支付分两步。购买基金时，交易指令通过基金公司的网上交易系统下达；而资金支付须登录网上银行 / 银联下达划款指令。流程与购买电子机票一样，这种模式下，投资者须分别登录基金公司的交易网站和网上银行 / 银联系统，但一般不需承担银行收取的划款手续费。

3. 银基通

与网上支付方式不同的是，银基通是通过事先签署的投资人通过基金公司网站可一步完成“一站式”操作。按照事先签署的资金划付委托授权协议，投资者通过基金公司的网上交易系统下达购买指令时，基金公司同时代投资人向银行下达资金划付指令，将投资人的购买资金从投资人的预留资金账户中划转到基金公司的资金账户中，投资人不需要单独向银行下达资金划付指令。这种模式的好处是投资人操作更加简单，而且除网上交易外，电话交易也能实现资金支付功能。

投资锦言

每只基金在各自的基金公司的网站上购买，如果公司支持直销的话，手续费比在银行买有优惠。

网上基金交易省钱省时的技巧

如何操作才能充分发挥基金网上交易的优势呢？下面给大家分享四种既省钱又省时的操作技巧。

1. 合理选择交易时间

网上交易并不是即时完成的，也需要一定的时间过程。根据基金网上交易 T+1 日的确认规则，投资者一般不要选择周五或周末买基金；根据基金网上交易股票基金赎回资金 T+3 日到账的规则，投资者最好选择周一或周二赎回，能保证资金本周内可使用。

2. 撤销交易有技巧

基金网上交易不像传统代销，需要填写大量单据，既可以很方便地发起申请，也可以在申请未确认前撤销申请。需要注意的是撤销时间的选择。如果投资者在 15 时之前选择撤单，但下单时资金已转入基金公司账户，所以在撤单之前已经支付了转账费，那么撤单后资金到账需要 2 天。

3. 巧用转换更省钱

基金网上交易买基金享有手续费优惠，而赎回一般不能优惠，但是投资者可以通过基金转换，变相实现赎回费率优惠。因为基金公司规定旗下基金间转换费率一般低于持有不满一年的赎回费率，所以可以先将要赎回的基金转换为赎回费率较低的基金种类再赎回。例如，投资者购买了 500 股票基金，可以先转换为货币基金，再赎回货币基金，这样资金变现的总费用比直接赎回要少得多。

4. 货币型基金为桥梁

基金网上交易非常便捷，可以随心所欲地交易。投资者可以通过自己的判断，不断动态调整家庭资产在股票型基金与货币型基金之间的配置比例，既可以及时规避风险，又可以稳健获得收益。例如，在股市上涨时将货币基金转换为股票型基金以取得更好的收益，而在股票下跌时将股票基金转换为货币型基金以保持资产的稳定。

投资锦言

基金网上交易业务对于投资者、银行与基金公司都是一种共赢的选择，所以近年来得到了很大的发展。

网上买基金更要谨慎小心

目前，网络营销处于发展阶段，相对于代销机构的柜面营销，仍存在一定的购买风险。对于投资者来讲，认识网络的局限性，更有利于明辨是非，回避电子化带来的风险，做出理性的投资决定。

1. 基金选择的风险

和柜台的业务办理相比，通过网上进行基金交易投资者只能通过上网自行阅读和了解基金产品特点并自行消化，对基金的了解不够直观、全面、详细，往往会有看走眼的情况发生。所以，投资者在选择基金时一定要仔细，多方面了解基金的相关情况，而不要局限于单一地在网上了解。

2. 电子化配套服务的风险

尽管电子化交易为投资者提供了极大的交易便利，但因基金产品配置品种的差异化，还需要投资者在购买基金产品时关注证券市场行情等。

3. 服务缺失的风险

运用电子化方式购买基金，虽然为投资者购买基金产品提供了极大的便利，但因基金管理公司采取的是直销模式，只能通过在线和短信进行间接服务，而无法提供像代销机构一样的面对面服务，从而使基金服务质量难以得到应有的保障。

4. 网络非法营销的风险

网络信息量大，购买渠道多，这就在一定程度上助长了非法营销基金的风潮，从而使不明真相的投资者上当受骗。因此，对于投资者来讲，不明真相或者不熟知的网站，尽量不要盲目地登录并参与，特别是以高诱饵为目的的基金营销、国外非法基金的营销，更应当谨慎涉足。投资者要学会知足常乐，要能控制自己的欲望，很多非法营销都是利用投资者的贪欲设下陷阱，等着愿者上钩。

5. 小心提防病毒与黑客

在网上办理基金业务，需要投资者养成良好的投资习惯，特别要采取一定的应对黑客侵袭的具体措施，上网最好选择在家或安全场所，同时要打开防火墙，升级杀毒软件也是必需的。除进行电子化交易留痕外，有条件的可打印委托记录，并及时向基金管理公司索要交割清单作为记录，尤其对于诸如密码的保护等，要做到心中有数。

投资锦言

由于目前通过网上进行交易的投资者还不是很多，并且比较分散，很难达到集中服务，因此结算渠道不畅通，缺少统一的结算平台，使基金网上业务遭遇“瓶颈”，值得投资者关注，尤其应注意会有因网络问题而无法及时赎回的情况发生。

关于“上证基金通”的知识及使用方法

2005 年 8 月 1 日，上海证券交易所筹备已久的全国统一的基金销售网络——“上证基金通”正式启用。银华基金管理公司发行的“银华核心价值优选股票基金”成为第一只使用上证基金通发售的基金产品。自此，投资者可以通过上证所的交易系统方便地认购、申购和赎回开放式基金，像买股票一样买基金。

1. 关于上证基金通

“上证基金通”即上海证券交易所开放式基金销售系统，可为开放式基金的认购、申购、赎回等相关业务提供高效、自动、一体化的技术支持。它充分利用上证所、中国证券登记结算有限责任公司、证券公司的网络资源优势，利用上证所高效、安全、便捷、统一的交易系统，开辟开放式基金募集、申购、赎回新渠道，建立开放式“基金超市”，为基金管理人、代销券商、基金投资者提供优质服务，实现了基金市场参与主体多方共赢。

上证基金通的启用极大地方便了基金投资者。以前投资者如果投资于多家基金公司旗下的开放式基金，必须在每家基金管理公司开立不同的基金账户，管理起来比较复杂。如果投资者需要投资于不同基金公司管理的开放式基金，则需要在不同的销售渠道之间穿梭往来，也非常麻烦，而上证基金通则帮助投资者解决了这个问题，通过上证所“上证基金通”认购、申购、赎回开放式基金，使基金销售有了统一的平台，随着新老开放式基金越来越多地采用该系统进行销售，投资者在一个营业网点即可办理所有开放式基金的业务，因而可形成真正意义上的“基金超市”。

2. “上证基金通”的使用方法

上证所“上证基金通”是开放式基金销售系统，其实质提供的是“基金超市”服务，投资者在一个有资格的上证所会员单位（券商）的任何一家营业部通过上证基金通认购、申购、赎回上证所挂牌的开放式基金。基金的交易时间为证券交易所的正常竞价时间，即上午9：30～11：30，下午13：00～15：00，如果在基金募集期间还可以在大宗交易时间（下午15：00～15：30）进行申报。

投资者只需要一个上海证券账户，就可以进行上证所挂牌的任何一只开放式基金的认购、申购、赎回，而不需要在不同的渠道开设不同的基金账户，就和现在股票买卖一样，非常简单方便。如果投资者还没有上海证券账户，通过有资格的上证所会员开立上海证券账户后就可以认购、申购、赎回上证所挂牌的开放式基金。

在开放式基金募集期内，投资者通过有资格的上证所会员营业部以“金额认购”方式进行认购申报。投资者可多次进行认购申报，投资者的每笔申报必须满足所认购基金的最低认购金额的要求，同时每笔认购金额必须是100元的整数倍，最多不能超过99999900元。在开放式基金开放申购、赎回后，投资者也可以以“金额申购”的方式进行申购申报，申购成交价格按当日基金份额净值确定。投资者的每笔申报必须满足所申购基金的最低申购金额的要求，同时每笔申购金额必须是100的整数倍，最多不能超过99999900元。由于申报价格栏不能空白，故约定申报价格始终填写“1元”。“金额申购”时，按照投资者具体应得的基金份额，取其整数部分计入投资者的账户，剩余的小数部分重新折算成金额退还给投资者。比如，若计算出的投资者应得基金份额是1588.88份，则实际计入该投资者上海证券账户中基金份额为1588份，小数部分0.88份基金份额按折算成的金额退还给该投资者。认购或者申购申报可以更改或撤销，但认购或申购一旦受理，更改或撤销申请不予接受。

在开放式基金开放申购、赎回后，投资者以“份额赎回”的方式进行赎回申报，赎回价格以受理申请当日收市后计算的基金份额净值为基准进行计算。投资者的每笔申报必须满足所赎回基金的最低赎回份额的要求，同时赎回申报必须是整数份额，且最多不能超过99999999份基金份额。

投资锦言

上证所通过行情发布系统显示开放式基金的前一交易日每百份基金份额净值（按四舍五入保留两位小数），投资者可通过各种行情显示软件系统、上证所网站、有资格的上证所会员网站、其他公布股票行情信息的媒体等查询有关信息。这个“最新价”只是投资者进行申购赎回时的参考价格，投资者当日的申购赎回结算价格是受理申请当日收市后计算的基金份额净值。

[案例]上班族适合网上买基金

王丽在一家公司上班，听同事说去年买的基金赚了不少，便萌生了买基金的念头。

前两天，王丽从报纸上获知一家基金公司推出首只基金，属偏股型。今年股市形势不错，这只基金应该会有不错的回报，决定投资 5 万元试试。她来到发售这只基金的银行营业部。

到营业部一看，顿时傻了眼，一条长长的队伍看得她眼晕，她可是从公司请了假来买基金的，看到这种情形，不禁为买不到基金担心起来。

她正犹豫不决时，忽然想到了能不能在网上买呢？于是她回到家里，打开电脑，发现网上不但可以买基金，而且关于各种基金品种的介绍非常详细，这下王丽可高兴了，心想以后买基金再也不用请假耽误工作了。她在网上顺利地买下一只基金，自己感到很满足。她还把自己总结的网上买基金的技巧告诉了身边的很多同事。

[案例]网上买基金如同逛超市

买基金越来越便捷，除了在柜台购买的传统途径外，各基金公司都开通了网络销售渠道，投资者还可以登录证券公司的官网或手机 APP 去购买基金产品。因而，投资者可以像逛超市一样，在网上选购适合自己投资的基金。

王先生想获得基金公司背景资料和基金公司的盈利能力、基金公司排行榜的资讯，从而做出科学决策。经人推荐，他选择了通过天天基金网上购买基金。鉴于登录网站不便捷，他又在微信或支付宝上购买。

他登录支付宝，点击页面下方菜单栏的“理财”，然后在“理财”页面点击“基金”，在“基金”里点击“基金排行”，就看到各基金产品了。和网络一样，混合型基金、股票型基金、债券型基金、指数型基金、FOF 型基金、QDII 型基金、货币型基金、短期理财基金等基金品种在支付宝上都有销售。他根据自身需求选择合适的基金产品，点击进入详情页面，再点击“买入”，进行风险测评，确定买入金额，勾选同意，点击“确定”，即实现了购买。

而登录微信，选择“我”，点击“支付”，进入“理财通”，也可以购买到基金。在“腾讯理财通”页面点击下方菜单栏的“基金”就可以看到各基金产品了，像指数型基金、混合型基金、债券型基金、股票型基金、FOF 型基金、境外型基金、另类型基金等基金品种在微信上都有销售。选择想买的基金产品，点击进入详情页面，再点击“买入”，进行风险测评，然后按页面提示购买即可，操作步骤和支付宝差不多。

这种销售模式给投资者带来的好处在于货架上的产品种类相对齐全，有足够大的选择空间。“跟平常逛超市没有什么区别。”低费率的同时也降低了投资者购买基金的成本。

第11章　未雨绸缪控风险
——基金投资风险的控制与防范

相对来说，基金投资风险不及股票，但是风险总还是存在。如果广大基民在进行基金投资的过程中缺乏风险意识，那么在基金市场上蒙受巨大损失也是可能的。

基金投资风险知多少

任何投资工具都无法免除风险，证券投资基金自然也不例外。虽然投资风险无时不在，无处不在，但投资收益这块诱人的蛋糕仍令人无法罢手，正如带刺的玫瑰虽然扎手，但冒险采花的也大有人在。买卖基金总是有人赚钱，有人亏本，有的人赚得少，而另外一些人赚得多。因为亏血本而自寻短见的时有所闻，但很快被某人暴富的传奇新闻所掩盖。其实亏本的不比大赚的少，某人赚的正是别人亏的。不过人们习惯于听到好消息，至于不幸的消息，最好让那个倒霉蛋自己消受。因为基民投资于基金是为了赚钱，赚钱才是硬道理。因此投资者在选择基金时，必须留意以下风险。

1. 流动性风险

由于市场环境或者基金巨额赎回的原因，基金不能以当前基金份额净值进行交易。就开放式基金而言，部分基金为了避免行情急转直下时投资者的大量赎回而损及基金的操作，故在基金信托契约中订有限制赎回条款，会规定某日赎回金额占基金总资产净值超过特定比例时，基金公司有权暂时停止投资者的赎回。当这种特殊情况发生时，投资者便会有想卖却卖不掉手中持有单位的情况。至于封闭式基金和一般上市股票一样，在行情清淡、成交量萎缩时，也不见得能顺利脱手，这就是所谓的流动性风险。

2. 市场风险

所谓市场风险，就是基金净值或价格会因投资目标的市场价格波动而随之起伏所造成的投资损失。证券市场的价格波动频繁，很难预料，尤其是股票价格时起时伏，变幻莫测，由于产生变动的原因很多，往往又多属偶然发生的，因而即使发行股票的公司本身，亦难控制，时间越短，越难捉摸。在这种情况下，就存在损失资本的风险。长期置身于证券市场中的人，对之熟视无睹，有时完全没有意识到这一问题。事实上，证券市场价格受到许多因素的影响，比如经济因素、政治因素、投机心理和交易制度等。这种种因素导致证券基金收益水平的不确定性，从而产生风险，其主要表现在以下几个方面：

（1）经济政策风险。国家经济政策的变化，可能会影响证券市场的各个方面，如国家的财政政策、货币政策、行业政策和地区发展政策等发生变动，会导致市场波动而影响投资基金的收益，从而产生风险。这些政策有些是和基金密切相关的，如证券交易制度、税收的变化，有些可能相关性不是很大，但会对某一行业产生重大影响，进而影响股市的变化，而事实上，基金投资主要是投资于股票市场，所以股票市场的波动会迅速影响基金的收益情况。

（2）经济周期风险。由于经济运行的周期性变化，市场的收益水平也会呈周期性变化。投资基金所投资的股票和债券，其投资的收益水平也会随着经济周期的波动而出现周期性的调整，从而导致整个投资基金收益的不确定性。一般来说，如果国家、地区甚至世界的宏观经济整体处于增长期，市场需求旺盛，各个行业公司的经营业绩可能普遍较好，投资基金的收益水平自然会水涨船高。相反，宏观经济总体上处于不景气或萧条状态，大多数公司的经营都会比较困难，经营业绩也不理想，投资于这些公司证券的投资基金的收益自然会受到拖累，甚至出现资产净值亏损。

（3）利率风险。货币市场上利率的变化会导致证券市场价格和收益率的变动，从而影响基金的收益，产生一定的风险。通常债券价格与当前市场利率之间成反比关系。如果当前市场利率水平比以前提高，那么原有债券的市价就会下跌。相反，如果当前市场利率水平较以前降低，那么原有债券的价格就会上涨。而且，债券的期限越长，息票率越低，其抵抗利率风险的能力就越弱。因此，对那些债券比例较大的证券基金来说，市场利率升高时，其收益水平会受到严重的威胁。同时，当市场利率升高时，股价下跌使投资者抛出股票而买进固定收入型证券，以获取更高、更安全的收益。随着市场上股票的抛单增加，股价也随之下跌。

（4）购买力风险。购买力风险是由价格总水平变动而引起资产的总购买力的变动，投资者应该具备理智地处理购买风险的能力。否则，通货膨胀将会把投资者财富的购买力侵蚀光。购买力风险广泛存在于具有固定收益率的投资中，如大额定期存单、短期国债、优先股和长期债券等。投资基金的投资收益部分来源于债券利息、股利，通货膨胀会使其从债券投资及上市公司利润分配所得现金实际贬值，产生实际购买力下降的危险。一旦投资基金的收益率低于通货膨胀，基金投资实际上就发生了亏损。此外，对基民来说，投资基金的收益分配主要通过现金形式进行，而现金可能因为通货膨胀的影响而使其实际购买力下降。因此，只有当实际收益率为正值，即名义收益率大于通货膨胀时，购买力才真正有增长。

经济周期风险、经济政策风险、利率风险和购买力风险都属于一种系统风险，是每一个基金投资对象都会遇到的投资风险。它对证券市场中的任何产品都会产生影响，概莫能外。无论一种投资基金持有多少种证券，都不能避免和消除市场风险，因而被称为“非分散性风险”，投资者必须认识到这一点。

3. 基金公司风险

基金是由基金管理公司代为管理的，公司的管理业绩直接决定基金的收益情况，但要准确地预测一家公司未来业绩的变化，远非易事。公司经营业绩的不确定性而导致基金净值的变化，这种风险被称为“公司经营风险”。某些严重的事件会危及公司的生存，甚至可能导致公司破产。

4. 管理人风险

管理人风险主要是指基金管理人在基金的管理运作过程中因信息不对称，判断失误等影响基金的收益水平。证券投资基金的业绩取决于基金管理人的专业知识、经验、技术分析能力、信息资料的完备等。虽然基金管理人都是由一些专业人士组成的，他们大都是一些训练有素、善捕战机的金融专家，但是这也难以保证一定盈利，同样会产生风险。如管理人的管理水平、管理手段和管理技术等能力存在缺陷，从而导致投资基金业绩表现平平或低劣，以及管理人的假“众”济私和违法违规等诚信品质问题所导致的基金收益受损，都是一种潜在的风险。

5. 基金价格风险

对于开放式基金来说，基民随时可以向基金管理人以基金资产净值为基础购买或赎回基金单位。而对封闭型基金来说，在其发行设立后，基民只能在证券交易所进行买卖，不能直接购买或赎回。由于像股票一样有供求关系问题，所以投资基金的交易价格通常并不等于基金资产净值，而是以基金资产净值为中心，随着多空双方力量的对比而上下波动。持有封闭型基金的基民必须承担基金价格波动的风险，即基金价格风险。

一般来说，基金价格受基金管理人业绩表现的影响最大。基民对基金管理人收益水平的预期会影响基金单位的需求，但基金管理人的业绩表现不可能总令基民满意，所以，一旦基金管理人公布较差的经营业绩，一方面基民所获投资回报会减少，另一方面基金价格也面临着下调的危险。

6. 源于投资者自身的风险

风险除了来自市场和基金公司之外，更多地来自于基金投资者自身。追逐业绩是普通投资者最乐意为之的投资方式，很多投资者四处寻找业绩最好的资产种类或基金。但是由于没有一项投资的业绩是保持不变的，要把握其业绩变化的节奏并不是一件简单的事，“低价买进，高价抛出”是每一个基民的愿望，但往往事与愿违。

（1）投资技巧风险。投资技巧风险是指基金投资者因其投资战略失误而造成的损失。比如，投资者错误地分析判断基金市场行情变化趋势而致选择了错误的时机买卖基金券；投资者由于受心理因素影响，一时冲动而买卖基金券；投资者缺乏应有的投资经验而错误地买卖基金券等造成的损失。

（2）投机心态风险。投机心态也容易给投资者带来高风险。一些投资者不顾自身的风险承受能力，不仅将自己的房产抵押，甚至不惜借利息很高的钱进行基金投资，这是一种非常危险的投机行为。这种投机的风险是非常巨大的，一旦市场下跌，这部分投资者会因为放大了资金杠杆而遭受大额亏损，极有可能血本无归，倾家荡产。投资者应该清醒地认识到基金投资的风险，努力降低这些风险，而不是为了自己的欲望去冒险，让自己站得离悬崖更近一些。

7. 基金本身的风险

不同基金品种风险不一样，如股票型基金风险要比债券型基金大；相同的基金品种也会因其股票资产投资上限不同而具有不同风险。

投资锦言

随着基金投资在中国市场的渗透愈益深入，投资者越想把风险投资基金看个清清楚楚、明明白白，无疑需要一双慧眼：鲜花背后可能是陷阱，暴风眼里可能最安全。

基金公司自身风险不可忽视

2020年是基金行业获得大丰收的一年，股票市场的大幅上涨使基金赚钱效应凸显，随之而来的是基金规模的快速扩张，广大投资者对基金这一理财品种倾注了前所未有的关注。而人们对未来相当长时期内中国股市的乐观预期，更是让年轻的中国基金业显得前途无限。然而在基金行业空前繁荣的背后，各种风险和隐患也如影随形，相伴左右。在股票基金风光之时，货币基金累积多时的流动性风险悄然爆发；某些基金在投资中与大股东发生说不清道不明的“暧昧关系”；曾在市场上叱咤多年的某些基金公司的治理结构受到质疑；一些有悖公平原则、急功近利的行为在基金销售过程中时有出现。正因为如此，监管层在基金行业风光无限之时，依然不断向基金公司提示要注意风险控制，要求基金公司把行业的可持续发展提高到“事关生死存亡”的重要程度来加以关注。但是监管层警世之言余音未了，一些股票基金为追求收益又开始通过融资杠杆盲目放大其投资风险。这很有可能给广大基金投资者造成难以预料的风险。

其实，所有基金公司和基金经理人都明白，风险控制是非常重要的事情，没有一个基金经理会不明白市场有涨有跌这个基本道理。关键在于，当排名的压力、考核的压力、投资者追求收益的压力明明白白摆在面前时，少数人就开始分不清楚眼前利益与长远利益孰轻孰重，开始心存侥幸，希望通过打擦边球、走捷径来提高业绩，忘记了自己曾经时常挂在嘴边的“追求风险可控基础上的收益”，忘记了多高的收益伴随着多大的风险这样的基本原则，最终也就忘记了自己身为共同基金应为投资者提供怎样的服务，与私募基金、对冲基金等其他机构存在哪些本质区别。当基金经理盲从于形势之时，也就相当于把广大基民放在了悬崖边上。

基金公司会受到业绩排名及投资者的双重压力，这两种压力无论牛市还是熊市都是存在的。但是总有一些基金经理认为，熊市中业绩差些还有“大势不佳”这样的借口，牛市中自然就没有了这样的客观因素，因此业绩好坏更多的是看基金经理的主观能力，于是其追求收益的压力也就更大；从公司层面来说，市场刚刚开始繁荣，基金公司总希望能利用这样的时机赶紧发展，而基金业绩则是吸引投资者购买基金的重要因素，所以也就更加强调要提高基金的收益水平，忽略了风险控制。两者都促使某些基金在牛市的投资过程中更容易被大势冲昏头脑，助长投机心理。所以从这个角度来说，基金公司在牛市中更要重视风险控制，从观念上、制度上严格把关，防止在投资中急功近利，杜绝打擦边球行为。而作为投资个体的广大基民更应该关注基金公司的作为，防止自己的利益受损。

投资锦言

我国基金起步较晚，但发展迅速，已经成为证券市场的投资主体。然而基金发展越快，风险的有效防范和化解就显得越重要。受主客观两方面因素的影响，基金风险收益具有较大的不确定性。首先，从客观上看，基金以股市、债市为主要投资对象，投资客体的风险与收益本身具有较大的不确定性，从而导致基金收益的不确定性和波动性。其次，从主观上看，我国基金仍处于发展的初步阶段，各种法律法规尚在完善之中，在这阶段，基金也出现了各种违规行为，如曾经暴露出来的基金黑幕等，这些进一步加大了基金投资者的投资风险。为了更加切实地保障投资者的利益，减轻基金公司市场退出而给基金投资者造成的损失和社会震荡，有必要加快建立基金管理公司风险准备金制度。

基金投资，注意规避“隐形风险”

基民在进行投资时往往会忽视一些风险的存在，这些风险具有隐形的特征，不容易被基民所察觉，但是极容易造成基民的投资失误，给基民带来不可预知的损失。所以，基民在进行投资时，要注意规避以下潜在的隐形风险。

隐形风险之一：牛市买新

基金发行总有这样一个规律：与股市的波动节奏一致。股市向好，受追捧；股市下跌，遭遗弃。实际上，隐藏在牛市背后的是：在股市最“牛”的时候发行的基金，意味着建仓成本高；在回调阶段，跌破面值的风险也最大。于是，投资者在成本最高的时候买入基金，若股市逆转下跌，他们的损失也最大，无可避免地会造成对基金赚钱能力的质疑，而他们的“经验”会以口碑传递的方式影响周围的投资者，从而让更多人错失了真正的买入良机。所以基民要注意，在股市温和的时候基金的建仓成本会较为合理，这时候是购买良机之一。

隐形风险之二：追求基金的短期暴利

“买基金跟减肥一样，决定最后结果的是耐力，而不是头脑。”这句源自美国一位著名基金管理人的话，道出了基金投资的真谛。如果追求在短期内有高收益，干脆直接入市炒股，一般情况下，投资基金是不会有短期暴利的。所以基民要避免在股市热火朝天之时购买基金，并做好长期投资的准备。

隐形风险之三：盲目跟风追捧效益好的基金

数字是很能说明问题的。虽然不能单从回报率这个角度断定一只基金的好坏，但可从侧面了解到不同基金表现的差距。选好的基金看什么？大家都知道的是：好的基金公司、优秀的基金经理、出色的分析团队、良好的运作模式、优良的历史业绩、星星多的晨星评级、规避风险的有效性等。但要注意的是，表现好的基金不可能一直都表现好，投资回报率越高的基金，其潜在的风险越大。所以基民要知道，基金有多种类型，从货币型基金、债券型基金、指数型基金、混合型基金、股票型基金，风险逐渐上升，要根据自己的风险承受能力选择适合自己的基金，不要盲目跟风追捧。

投资锦言

所谓基金风险的隐形化是其显形化的对称，它是指某些市场力量有意或无意地对基金风险采取了一种“主观”上视而不见、见而不管、管而不当的失当态度，对证券基金在投资品种、投资市场、投资过程、投资回报等方面所隐含的各种风险，最终使基金风险得以虚无化、隐匿化、后置化的不正常图谋与行为。

基金风险防范和投资策略选择

在保证较高的基金收益率的前提下，尽量降低基金的风险，是每一位投资者所关心并为之努力的。而投资策略的选择在一定程度上也可以避开某些投资风险，下面就谈一谈如何通过投资策略的选择来防范基金的风险。

1. 长期持有的投资策略

所谓长期投资，是指一旦买进，即长期持有，追求丰厚的股东长期收益，其中成败的关键在于基金的选择上，因为基金公司要取得良好业绩，通常要经过长期的运作。但是实际上总有人爱反复地买进卖出，一点点利润往往被买卖手续费所吞噬。既然选择了一家公司的基金品种，就应放心地任其为你打理，从而分享公司长期发展带来的丰厚回报。

至于中短期的投资也可以占一部分比例，但是一定是作为补充存在的，在能够分析清醒市场变化趋势的情况下，适当的投机也可以增加收益。

2. 价值投资策略

价值投资策略即以基金的市场价格与其价值之间的关系来选择投资机会。正如在股市中一家企业的价值会通过股价反映出来，股价有时会高于其真正的价值，而有时也会低于其真正的价值。基金也是一样的，特别是封闭式基金，除了受其价值的影响还受到市场上的供求关系的影响，往往会出现价值被低估的情况，这时投资者应及时买入，静待其价值的回升。

3. 分散投资策略

如今新的基金品种层出不穷，而这往往让普通投资者感到眼花缭乱，不知该往何处下单。目前，认购开放式基金起点金额较低，只要 1000 元人民币即可购买，这为投资者将资金分散到多只基金提供了可能，既然普通投资者缺乏专业性眼光，那分散风险的投资方式不失为上策。

4. 固定比例的投资组合

即在投资组合过程中，保持各部分所占的比例不变，其中一部分是保护性的投资，主要由收益比较稳定的低风险基金构成；另一部分是进取性的投机，主要由风险高、报酬高的基金构成。各部分在总额中应占多大规模，取决于投资者的目标抉择。在以后的投资中，不管风吹浪打都坚持这个比例的投资组合。

有关理论研究表明，52% 的股票价格随着整个市场而涨落，13% 随着行业内部因素而波动，只有 12% 随着公司自身的因素而上下。在目前我国证券市场发展还不完善的情况下，几乎所有的股票都是随整个市场而涨落，所以要找到收益比较稳定的股票是十分困难的，因此保护性的投资部分应选择较为稳定的以债券和货币作为主要投资对象的基金，而投机部分自然非股票基金莫属。

5. 随机应变的投资策略

任何投资者都希望在低价买进、高价卖出，赚取最高盈利，所以投资者应随股市走向的变化而灵活调整基金的投资组合。比如，当股市下挫时，就降低持有股票的比例，提高现金或债券的比例；反之，当判定股市走向看好时，则将资金大部分投放在股票上。因为个别股票价格之涨跌，大多是由整个市场涨跌所决定的，如果整个市场看涨，大部分股票价格也随之上涨，反之亦然。但是一般而言，超过 90% 的投资者无法从这个策略持续赚钱。即使你的决定有 70% 是准确的，另外 30% 的错误决定可以使你损失全部的盈利，甚至亏本。这也将为投资者的生活增添压力。所以在随机应变的同时，投资者要十分谨慎，只有在投资达到原定目标时，你才能卖，然后再开始另一轮的研究、目标设定和投资。要成功推行这个策略，你必须投入时间和心思，并且守纪律。

投资锦言

投资无疑是一种脑力劳动，而脑力劳动最为重要的就是要保持头脑的清醒，切忌感情用事。作为基金投资者面对形形色色的基金产品，更要擦亮眼睛，用心选择，不能盲目跟风，要根据自己掌握的情况和专业知识做出判断。

几类基金的避险技巧

不同类型的基金，其投资范围、风险状况和预期收益水平是不一样的，投资者要根据实际情况选择合适的基金，并掌握正确的投资技巧。下面我们将针对不同的开放式基金的投资策略来谈一谈如何规避风险。

1. 股票型基金

股票型基金收益较大，但风险也较大。因此，投资股票型基金的钱必须是闲置资金，要能够承担得起市场风险和时间消耗。

投资股票型基金要选择股市进入牛市上升阶段时买入，享受牛市中股票型基金的高收益。如果股市转入熊市调整阶段，投资者则应该停止对股票型基金的投资，转而投资债券型基金或平衡型基金。

投资股票型基金还要关注基金管理人的投资风格和投资策略，不同的风格与策略将带来不同的投资效益。差别相当大。

2. 债券型基金

债券型基金投资报酬比较适中，收益稳定，在没有重大政策性变化情况下，价格波动比较小。

债券型基金适合抗风险性较低，追求稳定收益的资金参与。

债券型基金虽然利息较为固定，但也存在一定风险，出现以下三种情况时，投资者不宜投资债券基金：

（1）在利率上升时期通常会造成债券型基金的损失，如果该基金投资的是长期债券，有可能会出现实际到期收益低于加息后存款收益的情况。因此，当经济景气好转，出现通货膨胀时，不适合投资债券基金。

（2）当股市行情好转进入牛市阶段以后，大量流动性资金会转而投资股票型基金，对债券型基金将构成一定赎回压力。

（3）当政策面出现加强宏观调控时，不适宜投资债券型基金。例如，央行宣布上调存款准备金率，债券市场便会应声而落，国债指数与企债指数直线下跌，债市的暴跌势必影响债券型基金的业绩，因此，这时不适宜投资该类基金。

3. 货币型基金

作为一种重要的投资工具，货币型基金是投资组合中必不可少的环节，无论投资者是否买入其他类型基金，都必须将其中一小部分资金用于投资货币型基金，用作随时变现的应急备用资金。如果是在一两年短期内可能用到的资金也需要将货币型基金作为投资重点，在获取超过银行存款收益的同时又能像活期存款一样随时变现。

货币型基金具有良好的避险作用，当股市和债市持续下跌时，股票型基金和债券型基金就会受到市场拖累，而货币型基金常常能起到“避风港”的作用。投资者可以把股票型基金暂时转换成货币市场基金，回避股市阶段性调整风险，待股市转暖再转换回股票型基金。而且，一些不指望获取高额收益又特别注重投资风险的资金，如老年投资者的养老钱等，也可以考虑投资货币型基金。

4. 混合型基金

混合型基金会较平均地持有股票和债券，根据市场出现不同的变化，由基金经理适时地调整股票和债券的比重，以便取得比较好的收益。这种基金是一个中庸型产品，通过平衡各类资产的风险，达到在减低风险的同时追求较高收益。

这种基金比较适合那些不了解各投资品种优劣，不善于及时转换的投资者，委托基金经理来调节投资方向的最简单投资工具。对于这类基金的选择重点是关注基金经理的投资水平、基金管理和信息披露是否及时与规范、历史业绩状况及基金的投资回报率等方面因素，从中选择优秀的基金管理公司和基金经理管理的平衡型基金。

与单纯的股票型基金和债券型基金相比，混合型基金具有明显优势，可有效降低投资风险并兼顾投资收益，从长远看值得重点投资。

投资锦言

投资者购买基金的目的就是“鱼与熊掌兼得”，既能够获得财富的增值，又能够减少如炒股等投资方式的风险，所以在选择基金产品时，要通过综合权衡自身的风险承受能力理性投资。

风险防范：给基金设定止损和止盈点

基金投资虽然不应像股票一样短线进出，但如果标的市场存在长期干扰因素，基金的长短期表现也不会太好时，适度转换或调整投资组合是非常必要的。尤其像中国股票这样波动性较大的新兴市场，股价容易大起大落，若未能在市场高点适时出场，长期持有未必比得上波段操作。基金也是一样，若未能适时获利了结，过一段时间走势转换，收益也会大幅缩水；在高点介入的人，若未能适时忍痛出场，会被套牢，动弹不得。因此，设定适当的基金止损点和止盈点是十分必要的。

设定止损点的意思是，要想一想你自己可以忍受这笔投资亏损多少，例如说投资 10 万元，如果你觉得这笔钱亏损到剩下 9 万元就无法原谅自己，那么，你的止损点就是 10%。

止盈点的设定也一样，可以算一下自己这笔投资赚了多少钱，你就满足了。说实话，一笔投资换算下来，如果一年的报酬率达到银行一年期定存的两倍，就可以称之为一次成功的投资。如果达到 15% 以上，应该算是相当不错的成绩。对于自己的投资状况时常进行检视，可以避免让自己暴露在太大的风险之下。

基金投资的重点在于完整的“资产配置”，搭配投资过程中要灵活调整，这样才能有效提高投资的胜算。投资者在选择基金投资前，应该会有一定的回报期望与可承受的亏损程度、理财目标等，即使打算长期投资 10 年，其间也应该依据自己的投资需求来设定止盈点和止损点。

设定止盈点和止损点的参考依据很多，一般而言，投资人可以结合自身的风险承受度、获利期望值、目前所处年龄阶段、家庭经济状况及所在的市场特征加以考虑，同时要定期检查投资回报情况，这样才能找出最适合自己的投资组合的获利及止损区间。不同的基金由于属性不同，设定的幅度也应随之调整。例如波动性较大的基金，可承受的下跌空间应较大，同样也可期待较高的收益，此时止损 / 止盈点就可设定较大的幅度。相对操作策略较稳健保守的基金，则不应设定太高的获利期望值。设定止损点后，就要定期观察投资组合的收益变化，才能把握和调节时机。

设定与执行止损点及获利点的另一个简单方法是，根据股市历史波段的表现，衡量自己的投资属性，找出最适合自己投资组合的获利及止损区间。因此，一般股票型基金投资人如果选择一只长期表现还算稳定的基金，只要掌握长期波段表现，就可以将股票的波段循环周期与涨跌表现作为设定获利点及止损点的参考依据之一。

投资锦言

基金的止损和止盈操作还需考虑以下原则：

（1）确定资金的投资期限。若投入的资金在一段时间后要赎回变现(如购房、出国、子女教育等)，建议至少在半年之前就关注市场时点，以寻找最佳赎回时机。

（2）调整对投资回报的预期。选择基金投资之前，投资人都会有一定的收益预期。由于2020年基金给投资者带来极度丰厚的回报，很多投资者对2021年乃至今后数年基金的投资回报预期过高。但是，像2020年那样非常态的现象很难重现，长期而言，基金的投资回报达到10%~20%(以上)应属不错的表现。投资者的止盈赎回点也要根据市场情况合理调整。

（3）当基金收益达到自己设定的止损/止盈点时，并不一定要立刻获利了结或认赔卖出。应评估市场长线走势是否仍然看好、基金操作方向是否正确，以及自己设定的警示条件是否符合当时市场情况，再决定如何调整投资组合。如果基金绩效仍优于同类型产品，标的市场长线展望也看好，只是因短期的波动达到止损点，自己也能容忍继续持有的风险，则可以考虑重新设定警示条件，甚至可趁机逆势加码，达到逢低摊平的目的。

（4）止损/止盈条件不适合用在定期定额投资策略上，因为定期定额是为长期理财目标而进行的投资，不应因市场波动而随意停止扣款，投资人要视自己的理财目标达成状况来决定何时停止定期定额投资。

投资基金的八大误区

2020年以来，很多只基金收益实现了翻番，赚钱效应吸引着越来越多的投资新手参与其中。但很多投资者对基金这种金融产品还不够了解，购买的时候会陷入“误区”，往往得不偿失。

1. 基金应该在发行时买

新基金发行时往往声势浩大，引得许多投资者争相购买，他们以为只有新发行的基金是以1元面值购买的，是最便宜的，以后基金净值涨上去了，就再也买不到这么便宜的基金了。

其实，这是错误的想法。基金发行结束后就会建仓投资，如果接下来股市开始往下走，基金很可能也出现亏损状况，直接的体现就是基金净值跌破1元面值。所以，投资者并不一定要在新基金发行时买入。

2. 基金越便宜越好

买东西尽量要价格便宜的，这是人们普遍的消费心理，但这有一个前提条件，就是两者的质量是一样的。在买基金时有的人也是持有这种心理，这往往是不适宜的。因为没有考虑双方的“质量”。

“既然1元不是最低的，那我就要买最便宜的基金。”不少投资者把基金当成股票，认为买到低价基金，净值才有上涨空间，因此，购买面值附近甚至面值以下的基金。

拿商品和货币作比喻，股票更像商品，其价格受市场供求的影响而波动，而基金更像货币，其价格由价值决定，与市场供求没有关系。基金的价值就是基金的赚钱能力。有赚钱能力的基金自然不便宜。

另外，基金以净值作为结算标准，因此，基金的卖出净值比买入净值高出的幅度——净值增长率才是判断基金赚钱能力的重要指标，而并非买入时净值的高低。

3. 像买股票一样买基金

部分投资者认为持有基金同持有股票一样应逢低买入、逢高减磅，像买股票一样进行短线操作，造成投资基金像投资股票一样快进快出，赚个差价就赎回；还有的投资者购买基金后，一看到基金表现不尽如人意就立即换基金。

基金不是股票，特别是新基金，由于其规模较大、运作透明度较高，决定了市场价格主要由其内在价格即单位净资产值决定，短期内价格大幅波动的可能性很小。因而对投资基金要有理性的思维，对其应有长期投资的理念，而不要像炒股票那样短线频繁进出，这样有时不但无法实现短期高回报，反而会由此招致损失。即使是投资老基金，也不能像炒股票一样。

"长线是金，短线是银"，市场短期的震荡不过是长期行情的一个很小的变动而已。因此，在股市长期牛市的格局没有变化的情况下，对于投资者买基金而言，选时并不重要，更重要的是选择风格稳定、信誉良好的基金公司，以及适合自己风险偏好的基金品种，并坚持长期持有。有关历史数据显示，目前成立 3 年以上的基金，净值大多在 1.6 元以上，平均年投资回报率在 15%~20%，大大高于银行存款和国债投资。

4. 买自己不熟悉的基金

有的投资者看到别人因买基金获利也草率入市，在市场上随便找一只基金，将自己的资金全部投入，然后梦想坐享其成。这种投资者不知道，市场上基金虽然很多，但并不是每一种基金都适合你。例如，希望取得稳定收益的投资者，却投资了成长型基金。因此，投资者在投资时，应首先研究基金的招募说明书，看其投资目标、投资策略、投资理念是否与自己的投资目标相符合，然后仔细分析该基金的历史记录，对其经营业绩进行实证分析，看其是否言行一致。

5. 证监会认可的基金便安全

在交易所挂牌交易必须得到证监会的认可，证监会亦提醒投资者不要买未经认可的基金，有的投资者便认为经证监会认可的基金一定安全。事实上，所谓证监会认可，只是符合证监会的上市规定，并不代表基金一定会有丰厚的回报。

6. 股市火热时买新基金，衰退时不买基金

不少投资者喜欢在股市不断创出新高时买新基金，而在股市衰退时不买进任何基金。其实这也是错误的。

股市火热时发行的基金，往往会买在高点，如果不幸碰上经济周期进入衰退，基金投资者可能就被套牢一段时间了。相反，市场跌到谷底时，基金往往会推出一些优惠措施，如果此时购买反而更有利。

投资锦言

什么时候买基金要根据当时市场的趋势来判断。当市场处于高点时，买新基金比较不利，因为新基金不得不以高价格买进股票债券等，其建仓成本可能比旧基金要高；相反，当市场处于低点时买新基金合适，因为其建仓成本低，而老基金却不大合适。

怎样应对基金套牢

投资者购买基金被套后，以下四种应对之策，可以帮助解套，投资者不妨在实际操作中加以灵活运用。

1. 摊低申购成本法

如果投资者持有的基金品种与证券市场的关联度极强，而且适逢证券市场处于运行周期的低谷，或者处于阶段性的底部，投资者完全可以购买基金产品，起到摊低基金投资成本的目的。

2. 转移投资风险，防止买基金后越套越深

当投资者购买了相对高点的基金，正值证券市场的阶段性顶部，投资者应采取及时有效的止损措施，将股票型基金转换成货币市场基金，并静观证券市场的变化，从而选择最佳的投资时机重新介入，既能回避股票型基金净值下跌的风险，也提高了资金的利用效率。

3. 利用优惠的申赎费率锁定收益

基金产品中的保本基金为投资者提供了一个天然的投资安全屏障。即便在避险期内投资者购买的基金产品面临“套牢”，只要投资者看淡避险期内基金净值表现，而所持有的保本基金到期，将会因优惠的申赎费率而不会遭受较多的损失。因此，巧妙运用基金产品之间的转换也是防止基金被套牢的主要方法。

4. 基金经理更换而导致的基金套牢只是暂时的

由于基金的净值与基金的管理风格有密切关系，也在很大程度上受基金经理的投资偏好影响，因此，基金经理的更换一般都会引起基金净值的波动，而基金经理策略的调整同样会影响基金净值，这两方面因素都可能使基金被套牢。但这种基金套牢现象不会太久，投资者不必盲目进行基金的份额调整。

投资锦言

投资者购买基金后，因各种原因而导致基金净值跌破成本价的情况时有发生。投资者如果不能正视基金套牢现象，就难以解套，从而丧失投资中的机会。其实，基金套牢是常有之事，投资者只要掌握一定的策略和方法，完全可以避免长期被套，或盲目割肉赎回。

[案例] 投资基金切忌盲目跟风

家住月坛南街的沈先生退休 4 年多，苦于自己的积蓄增值太慢，也在春节后立即加入了基民行列。“春节以来行情看好，我也把自己 60% 的存款投了进来。前段时间赚得多些，最近还要再看看。”

与沈先生相比，湖南娄底的陈先生就没那么幸运了。4 月 5 日，陈先生花了 15000 元购买某只基金，这是陈先生预备装修房子的钱。“最近行情真糟糕呀！现在我不但赚不到钱，还赔了不少。同事比我入市早，买进的 20000 块现在已经赚 7000 多了。”陈先生不无懊恼地说。陈先生没有想到的是，由于入市时机的关系，再加上基金投资本身的风险，盲目跟风投资是很危险的一件事。

[案例] 投资股票型基金需谨慎

“没有渠道最好不要介入股市。”北京的冯先生入市已经 3 年，他在《财经文摘》记者的电话采访中说。“我跟一位朋友在做，原来投入 13 万，现在已经翻了几倍。”冯先生对于自己这位庄家朋友的帮助表露出感激之请。

从基金市场的情况看，目前基金以股票型为主，主要操作对象是股票，中国的股票市场投机性很强，基金市场必定存在巨大风险隐患。“目前基金市场的过热整体形成一个泡沫，从去年到今年，基金正走出以往稳健的局面，投资者必须注意风险规避。”

中国目前的基金品种过于单一，股票型基金是客户选择的主要形式，基金的行情表现也直接受制于大盘。从近期股市表现来看，陈辉煌认为，在基本面确定的情况下，股价涨幅存在上限，风险的累积将致抛售的产生。同时，个股过猛的涨幅会不利于股市长期可持续发展，甚至会引起监管部门宏观调控政策的出台，这将对市场构成很大的压力。

参考文献

[1] 王小刚 . 基金投资者养成笔记：最美的 66 位投资者来信［M］. 北京：机械工业出版社，2021.

[2] 罗国庆 . 指数基金投资从入门到精通（修订版）［M］. 北京：电子工业出版社，2020.

[3] 李世忠，裴俊飞 . 图解指数基金：极简投资策略［M］. 北京：机械工业出版社，2020.

[4] 望京博格 . 指数基金投资日志［M］. 北京：机械工业出版社，2019.

[5] 望京博格 . 玩赚指数基金［M］. 北京：电子工业出版社，2019.

[6] 张可兴 . 买入，持有，富有：一名金牛基金经理的投资之路［M］. 北京：机械工业出版社，2018.

[7] 张存萍 . 证券投资基金［M］. 北京：电子工业出版社，2018.

[8] 老罗 . 基金定投：让财富滚雪球［M］. 北京：电子工业出版社，2018.

[9] 沈绍炜，李厚豪 . 销售基金定投好简单 : 如何三分钟让客户理智开户做定投［M］. 北京：清华大学出版社，2017.

[10] 丁鹏 .FOF 组合基金［M］. 北京：电子工业出版社，2017.

[11] 罗斌 . 基金投资入门与实战技巧［M］. 北京：北京时代华文书局，2015.

[12] 黄金 . 零起点基金投资一本通［M］. 北京：中国宇航出版社，2014.

[13] 蓝海 . 基金这样炒［M］. 北京：经济管理出版社，2013.

[14] 黄曲欣 . 有钱人都是这样买基金［M］. 长沙：湖南科技出版社，2013.

[15] 法尔博 . 债券及债券基金投资从入门到精通［M］. 北京：人民邮电

出版社，2013.
[16] 周迪伦 . 做自己的基金经理：给亿万股民的投资忠告 [M] . 北京：中国经济出版社，2014.
[17] 朱丽娟 . 新手学炒股票与基金 [M] . 北京：清华大学出版社，2012.
[18] 周青松 . 基金投资操作指南 [M] . 北京：经济管理出版社，2014.
[19] 王仲麟 . 我靠基金 38 岁退休 [M] . 北京：商务印书馆，2013.
[20] 杨琪 . 基金投资入门与技巧 [M] . 北京：清华大学出版社，2012.
[21] 孟建军 . 基金理财一本通 [M] . 广州：广东经济，2008.
[22] 王亚卓 . 基金投资五星策略 [M] . 北京：企业管理出版社，2010.
[23] 周峰 . 明明白白买基金 [M] . 北京：中国电力出版社，2012.
[24] 石伟 . 像基金经理那样投资 [M] . 北京：企业管理出版社，2013.
[25] 齐晓明 . 新基民买基金：从入门到精通 [M] . 北京：中国劳动社会保障出版社，2012.
[26] 杨红书 . 基金投资攻略 [M] . 北京：北京工业大学出版社，2012.
[27] 程国强 . 基金投资入门与技巧 [M] . 北京：中华工商联合出版社，2011.
[28] 杨伟凯 . 富总裁教你买基金 [M] . 北京：中国人民大学出版社，2009.
[29] 朱敏，张毅 . 基金投资：从入门到精通 [M] . 上海：上海交通大学出版社，2007.
[30] 卫保川，李山，王军，葛春晖 . 基金投资直通车 [M] . 北京：中国物价出版社，2007.
[31] 王香奇，李茜 . 开放式基金投资指南 [M] . 北京：中国金融出版社，2007.
[32] 王峰 . 基金投资理财实用指南 [M] . 武汉：武汉大学出版社，2007.
[33] 王群航，张凯慧 . 初买基金必读 [M] . 北京：经济日报出版社，2007.
[34] 杨庆明，马曲琦 . 炒股不如买基金 [M] . 北京：中国经济出版社，2007.

[35] 中国证券业协会证券投资基金业委员会 . 基金投资：理财新概念［M］. 北京：中国财经出版社，2003.
[36] 中国银行基金托管部 . 投资基金实务读本［M］. 北京：中国金融出版社，2003.
[37] 王国良 . 基金投资［M］. 上海：上海科学技术文献出版社，2002.
[38] 本书编写组 . 基金管理常识［M］. 呼和浩特：内蒙古人民出版社，2004.
[39] 刘树军 . 开放式基金买卖［M］. 北京：中国科学技术出版社，2002.
[40] 纪尽善 . 投资基金运作［M］. 北京：民主与建设出版社，1998.
[41] 许连军 . 索罗斯教你玩基金［M］. 北京：农村读物出版社，2005.
[42] 宋国良 . 证券投资基金：运营与管理［M］. 北京：人民出版社，2005.
[43] 杨长汉 . 证券投资基金［M］. 北京：机械工业出版社，2003.
[44] 杨艳军 . 投资学 .［M］. 北京：清华大学出版社，2005.
[45] 沈源，程刚，钟锴 . 基金致富［M］. 北京：机械工业出版社，2005.
[46] 陈卫东 . 投资基金管理［M］. 北京：科学出版社，2004.
[47] 陈火金 . 中国新基民必读全书［M］. 北京：中国纺织出版社，2007.
[48] 陈立 . 影响未来的中国基金产业［M］. 北京：中国财政经济出版社，2001.
[49] 陈京华 . 中国证券大全［M］. 北京：经济科学出版社，2004.
[50] 季凯帆，康峰 . 解读基金：我的投资观与实践［M］. 北京：中国经济出版社，2007.
[51] 林义相，陈仕华，等 . 证券投资基金投资分析与运作［M］. 上海：上海远东出版社，1995.
[52] 金枝 . 投资基金百问百答［M］. 北京：中国城市出版社，1998.
[53] 南方基金管理公司 . 基金投资实用手册［M］. 北京：中国时代经济出版社，2004.
[54] 胡俞越 . 期货投资基金［M］. 北京：机械工业出版社，2005.
[55] 徐士敏 . 管理层收购（MBO）中国企业家关注的热点［M］. 北京：

中国金融出版社，2003.
[56] 钱诗金 . 收益 风险：买基金赚的就是心安［M］. 北京：机械工业出版社，2005.
[57] 康跃，田新民 . 指数化投资：理论与实务［M］. 北京：首都经济贸易大学出版社，2005.
[58] 深圳证券信息有限公司 . 开放式基金投资指南［M］. 南宁：广西人民出版社，2001.
[59] 智富投资创作组 . 另辟蹊径：开放式基金投资指南［M］. 北京：电子工业出版社，2002.
[60] 曾海东，朱玉 . 基金赚钱一点通，基金致富丛书［M］. 北京：机械工业出版社，2007.
[61] 鲁孝年，徐海洋 . 财富共享基金投资入门与技巧［M］. 北京：中国宇航出版社，2007.
[62] 潘道义，何长领 . 私募基金：理论 · 实务与投资［M］. 北京：机械工业出版社，2002.